教師のための
現代社会論

宮崎　猛
古賀　毅　編著

教育出版

目次

はじめに

第Ⅰ章　現代社会をどう見るか ………………………………… 1

第Ⅱ章　4つの位相から見る現代社会

　1　現代化の時代を読み解く …………………………………… 28
　　①現代社会における都市化の進展………………………… 30
　　②家族と社会……………………………………………… 36
　　③持続可能な消費と生産………………………………… 42
　　④多文化化する社会……………………………………… 48
　　⑤里山的な生態系と現代社会…………………………… 54

　2　環境・生命問題と科学技術の時代を読み解く …………… 60
　　①地球規模の気候変動と自然環境の保全………………… 62
　　②環境とESDの普及 ……………………………………… 68
　　③進化する生殖医療……………………………………… 74
　　④高齢社会と老いの諸相………………………………… 80
　　⑤生命科学と政治………………………………………… 86

　3　グローバル化の時代を読み解く …………………………… 92
　　①グローバル化と消費生活……………………………… 94
　　②グローバル社会と通貨取引…………………………… 100

③国境線をめぐる紛争……………………………………… 106
　　④中東地域と民族・宗教・国家…………………………… 112
　　⑤地域統合の進展…………………………………………… 118

 4　**情報化の時代を読み解く**……………………………… 124
　　①メディアと情報…………………………………………… 126
　　②情報モラルをめぐる問題………………………………… 132
　　③青少年を取り巻く環境と情報化社会…………………… 138
　　④情報化と教育の変容……………………………………… 144
　　⑤知覚と認識論からアプローチする情報化社会………… 150

第Ⅲ章　現代社会と学校教育……………………………… 157

編著者・執筆者一覧

■編著者

宮崎　猛　　創価大学教授

古賀　毅　　千葉工業大学准教授

■執筆者(五十音順。カッコ内は執筆箇所)

上田太郎　早稲田大学本庄高等学院教諭(第Ⅱ章2-⑤)

魚山秀介　帝京大学准教授(第Ⅱ章1-③,3-④)

小田勝己　工学院大学非常勤講師(第Ⅱ章1-⑤,4-⑤)

小泉博明　文京学院大学教授(第Ⅱ章2-③,④)

古賀　毅　千葉工業大学准教授(第Ⅰ章,第Ⅱ章1,2導入部,3-①,⑤)

楢原　毅　早稲田実業学校教諭(第Ⅱ章4-①,②)

仁尾泰明　創価大学非常勤講師(第Ⅱ章3-③)

橋本隆生　北海道浜頓別町立浜頓別小学校教諭(第Ⅱ章1-④)

松浦正行　創価大学特任講師(第Ⅱ章1-②)

眞所佳代　北海道安平町立追分中学校教諭(第Ⅱ章4-③,④)

宮崎　猛　創価大学教授(第Ⅱ章3,4導入部,3-②,第Ⅲ章)

吉田和義　創価大学准教授(第Ⅱ章1-①,2-①,②)

はじめに

　現代は情報化社会，グローバル社会などといわれるが，社会がどのように変化し，どのような方向に向かっているのか，その動きを捉えることが困難な状況となっている。ここでいう「困難」とは，第一に変化が激しく，変化それ自体を補足することが難しくなっているという意味である。人は簡便に入手できる情報――インターネットなど，への依存度を高めており，時間や手間をかけて情報を入手したり，様々な情報を総合的に考察したりすることが少なくなっているように感じられる。その一方で簡便な情報の入手に頼っていることに不安を覚えているという現状がある。第二は，変化の背景や本質を捉えることの困難である。「なぜそうなり，これからどこへ向かうのか」，変化が激しいが故に本質を捉えることが重要であることを人は気づきながらも，多くのことが「ブラックボックス化」しつつある現在，次第に人は出来事の本質的な要因，変化の底流をマクロから捉えようとする意欲を失いつつあるようにもみえる。

　次世代を担う子どもの育成に携わる教師にとって，現代社会の動向にかかわる基本知識を確実に把握し，その背景にある本質を捉える視座をもつことはこうした時代状況であるからこそ重要である。そうした視座をもちつつ学校現場がおかれている現実を理解し，解釈し，あるべき社会の青写真を描き，児童・生徒とともにその実現を目指していきたい。

　本書は，こうした問題意識のもとに刊行されるものである。したがって現代社会の一般的な解説本ではなく，次世代の社会を考え，次世代の社会の担い手を育成するという視点から描かれるものである。目まぐるしく変化する社会やその要求に応えることに汲々とせざるを得ない教育現場に対して，自らの立ち位置を鳥瞰的に捉える機会を提供するとともに，未来への見通しのヒントを与えることができれば幸いである。

本書は三つの章から構成されている。第Ⅰ章は，現代の変化を捉える視座，いわば動体視力をどのようにもつのかという問題意識から論じられたものである。第Ⅱ章以降に続く本書の読み方を指南したものということもできる。第Ⅱ章は本書の本編ともいうべきものである。現代を「現代化の時代を読み解く」，「環境・生命問題と科学技術時代を読み解く」，「グローバル化を読み解く」，「情報化を読み解く」という4つの位相から捉え，現代がどのような状況にあり，どのような意味をもち，どのような背景からそのようになっているのかを，テーマごとに追究したものである。第Ⅲ章は，第Ⅰ章，第Ⅱ章の論考を踏まえ，学校現場や教師の立場から，現代の特徴をどのように捉えるべきかについて論じたものである。

　本書で提供する内容は「すぐに役立つ」ものではないものの，時代を，そして自らをメタ認知する物差しを教育現場に提供することによって，未来に向かっての教育の質を漸進的に変革・改善していくことを期待するものである。

　本書は，千葉工業大学の古賀毅氏とともに編集にあたった。編者の役割を快く引き受けていただいた古賀氏には心より感謝している。氏の参加がなければ本書は完成をみなかった。

　最後に本書発刊にあたって，その機会を下さった教育出版ならびに刊行までの様々な困難に対して，同志として最大限の努力を払ってくださった，編集秦浩人氏に心からの感謝の意を表したい。

2014年1月

執筆者を代表して　宮崎　猛

第Ⅰ章
現代社会をどう見るか

1 歴史の中の「現代」

同時代としての現代

　本書のタイトルにもなっている「現代社会」、学問の世界でもニュースの言葉としてもごく普通に用いられるため、深く考えないままでいることが多いが、そこでいう「現代」とは何のことだろうか。「現代」といわれたときにイメージするのは何年前くらいからだろうか。現代の時間的範囲、そして「近代」との関係（別の時代なのか、包含関係なのか）について少なからぬ人がそれを整理しないまま、考えの薄いまま用いてしまっている。この問いの正解はない。というよりは多数の解が存在する。論者の学問的・思想的な立場、歴史観、論を展開する目的、もちろん肌感覚のようなものによっても異なってくる。本書に収録された各稿でも「現代」の捉え方は実は多様である。したがって、どれが正解なのかを求めるのではなく、その論者が指している範囲を汲み取ろうとするほうが賢明であろう。いくつもの「現代」を思考するうちにその公約数とか最大公約数が自分の中で見えてくるに違いない。本稿の筆者（古賀）はひとまず次のように考えて「現代」を設定している（「定義」ではない）。(1)現代は近代の一部。古代・中世・近世・近代という歴史上の大区分でいえば近代に属する。すなわち中世や近世と近代の差異に比べれば近代と現代は本質的にそこまで異ならない。(2)現代は同時代的（contemporary）であること、すなわち現に生きている人たちの多くが「いまと同じ感覚、状況だ」と思える時間的範囲を指す。接頭辞の con- は「共有」、tempo は「時間」を意味する。以下本稿ではこの考え方にもとづいて「現代社会を捉える視点」について論じる。ただし、年齢や世代ごとに感覚が異なることにも注意したい。現に生きている人たちの多くが「同じ」だと感じるというとき、若い世代の人が直感的

に思う範囲はきわめて限定されている。先輩世代,とくに中高年とは「生きている時代が違う」とすら思い,彼らの経験した過去の話を聞いて,遠い過去,別世界のものとして捉えるのが普通である。だが学問において「同時代」というとき,現在の中高年の子ども時代,若者時代はそこに含まれることが多い。ときには中高年の人が「子どものころ親に聞かされた」という部分までもが入ってくる。したがって,現代(同時代)を学ぶ際にも,その程度の過去を知識として取り込む必要がある。中世や近世との決定的な違いは,「現に生きている」人が多数いるということであり,文献や諸資料で学ぶことのほかに,身近なおとなとコミュニケーションして近い過去の復元をしていくことが可能だということである。人文・社会系の研究者はそうした作業を意識的に,あるいは無意識的に重ねて「現代」や「現代社会」の像を構築してきたのである。

本書の第Ⅱ章では,さまざまな視点から現代社会の様態や構造を描き出している。そこで取り上げられている様態や構造について,何年くらい前までさかのぼって自分たちの知っているものと同じという「地続き」感覚を得られるだろうか。そうした思考をめぐらせるうちに,テーマや論者によっても「現代」の範囲が変わってくるということが実感されるだろう。

抽象的な設定だけではわかりにくいので,誤解されるリスクを承知で,少し時間的な見通しを立てておこう。何年前までさかのぼって同時代といえるのか,現在と地続きなのかということである。以下の区分の前と後では,社会や人間,思想,生活などのあり方にどのような違いがあるか,また連続性があるのかという点に注目してほしい。

以下では,誤解されるリスクを承知で,少し時間的な見通しを立てておきたい。「地続き」感覚とは何なのかをある程度明示するためである。

「現代」の区分に関するいくつかの考え方

1970年代。思想史の上ではパリ五月革命のあった1968年というのが一大転機である。中国の文化大革命,日本の全共闘運動なども重なる。環境論,

消費社会論，メディア論，第三世界論などが議論の中心になっていくのはこの後である。ポストモダンと称する思想群は，総じてこれ以降の視点で人間や社会を論じる。ただ，一般人の生活感覚からするとこの時期以降を区切るというのはピンと来ないことが多い。

　1950〜60年代。日本でいえば高度成長期，世界全体でいえば冷戦期（前半）である。舗装道路と鉄筋コンクリートのビルが都市の標準的な景観になり，家電製品が普及して生活の自動化が起こり，テレビで世界の情報を共有するようになり，プロ野球が国民的娯楽として他競技を頭ふたつも抜き去って定着した時代。テレビも冷蔵庫も洗濯機もない環境では暮らしたくないという人は多いはずで，日本人の生活感覚の上では同時代性，地続きを最も感じやすい。

　1945年。第二次世界大戦の終結時である。これを契機に日本は，新憲法を制定して民主国家に生まれ変わった。両性平等が法の原則として確立されたことは女性にとって大きな意味をもつし，それに伴う個人・家族のあり方の変化も重要で，まさに今日との地続きを感じられることであろう。敗戦とそれにつづく占領下の改革によって労働民主化（労使が対等な関係に），教育民主化（身分・性別で分かれていた学校制度が単線化され誰にも等しくチャンスがおとずれるように）など，現在の基本的なしくみが整えられた。軍が解体され，徴兵制がなくなったのも非常に大きな変化である。世界的にみれば，帝国主義諸国家の再編，社会主義の実験，ファシズムといった段階が終わり，米ソ両大国を軸とした東西冷戦が始まる。核の時代の到来でもある。

　1930年代。境界となるのは世界恐慌である。市場原理，すなわち「見えざる手」のはたらきに全面的に負うことの限界が明らかになり，政府の介入によって景気を調整し，経済を切り回すという「大きな政府」「福祉国家」の時代に入った。金融・財政のマクロ的操作が重視される現在の常識がこのとき始まったのである。

　1920年代。第一次世界大戦後に起こった楽観的な世界連帯主義の雰囲気

のもとで，それまで主役とみなされなかった大衆（マス）が，一大勢力として社会の表面にあらわれてくる。ラジオ・新聞・雑誌といったマスメディアの急成長がこれを支えた。アメリカでは，自動車や家電製品に囲まれた便利で快適な消費生活が，他国に先駆けてこの時期に始まっている。日本では，1923年の関東大震災を境に，首都東京の拡大と再編，欧米と類似したマス化の現象が起こっている。東京の文化的・商業的中心は，浅草などの下町から新宿や渋谷といった山手線西側のターミナルに移り，首都西方の広大な土地で宅地開発が急ピッチで進んだ。山手線が環状運転になったのは1925年，現在の23区域が東京市に編入されたのは1932年のことである。新聞やラジオを通じてレシピが紹介されるなどして，カレーライスやコロッケが一般家庭に普及したのもこの時期である。

1914〜18年。第一次世界大戦である。欧米ではこれ以降を「現代」とみなすことが非常に多い。この戦争の結果，現在の欧州諸国の基本的な枠組が成立し，非欧米世界においても植民地の再編などを通して今日につながる国家的枠組がつくられた。1789年のフランス革命勃発からこの時期までを「長い19世紀」，これから1989年の冷戦終結までを「短い20世紀」と表現することもある。本格参戦していない日本では，この時期を境とすることには違和感が大きいが，重化学工業化の進展とそれに伴う一部の都市化，大都市部における核家族化やマイホーム主義の出現など，現代の諸要素の芽生えを見て取ることはできるだろう。

これより前の時期に現代の端緒を置く考え方もある。たとえばフランスではフランス革命以降を長い「現代（temps contemporain）」とみなすことが多い。ただ，前述した筆者の考え方からすれば古すぎるし，おそらく多くの人にとって，19世紀以前を時代感覚として共有することは困難であろう。他方，1970年代以降に時期区分を置く考え方は可能である。冷戦終結の1989年は，重要なポイントになるであろう。後述するように，これ以降の社会変化はもはや変動といったほうがよいほどのスケールであり，もう少し時間が経って

から大きな画期とみなされる可能性はある。それとは別に，科学・環境・市民生活・政治感覚といったテーマにおいて，あるいは思想・文化において，フクシマ前・フクシマ後という区分が——言葉で表現できないほどの痛切さを帯びて——成立していることも忘れずに心に留めておきたい。

なお，論者によっては「現代」の他に「現在」を設定し，「まさに，いまこのとき」という意味合いで用いることがある。現代史の末にたどり着いた「いま」である。ただこの「現在」も，論じる人の世代や立場によってその幅が変わってくることに注意したい。また，当然ながら国や地域によっても捉え方の違いがある。しかし，「現代社会」を考察する際には，そうした差異に目配りしつつも，国や地域を超えた共通点や普遍的な側面に注目したい。「現代」とは世界が同期性を強くもつ時代だからである。

2　近代社会の枠組と現代におけるその動揺・変貌

社会変化に揺れる「近代」の諸要素

現代は近代の一部だという前述の設定からすると，近代から現代への移行という発想は正確でないことになる。少し丁寧に考えると次のようになるだろう。(1)前近代から近代への「移行」を経て，近代を特徴づけるさまざまな理念・制度・しくみが形成され，定着をみた。東アジア・中近東・西欧といった地域ごとの違いよりも，全世界的な共通点のほうが目立つようになったのも近代の特徴で，ゆえに近代は，全世界を共通の論点で語れるようになった時代ということになる。(2)資本主義，自由と平等，憲法，国民国家，公教育などは近代を特徴づける要素であり，現代にも当然の前提として受け継がれている。(3)しかし現代と呼ぶ時期に入ると，それらの枠組が動揺を見せるようになる。なぜなら，近代の諸要素は近代という時代の成立にかかわっ

て求められたものであったから，時代が進んで状況や背景に変化が出てくれば，ズレが大きくなってくることを避けられないためである。たとえば議会政治や政党政治は，産業革命・市民革命後に中小資本家が競合してつくっていった産業資本主義時代の産物であり，その後の大衆(マス)化や重化学工業化によって，民意を政治に反映するしくみとしては不備なものになっていった。グローバル化やIT化を経験した現在では，さらに維持が厳しくなっている。公教育とくに義務教育は，国民国家がそれ自体を強化する目的で確立され，ゆえに多様な出自，多様な関心の子どもを集めて国家単位の「常識」へと導き，産業を発展させうるような社会や科学に関する知識を共有させることをめざした。それは，社会の近代化に対応して生きていくための知識を欲していた国民の側にも支持され，定着したのである。しかし，その後の状況の変化に伴って，人々はさらなる教育の権利を掲げて特権階層の独占物だった中・高等教育の開放を要求するようになった。教育されることで教育の意味を体感し，そこにとどまっておくことを禁欲できなくなったのである。皮肉なことに，そうした要求が実って，誰もが上級の学校で学ぶことができるようになったとき，学ぶ動機や意思が不明確になり，学校教育とは何であるかという人々の共通認識が薄れてくることになった。近代の産物が，現代化によって動揺していくことの一例である。

近代×現代の特徴と，なお揺れる論点

「現代」の諸特徴

	近代 —19世紀的イメージ—	現代 —20世紀的イメージ—
国家像	夜警国家	福祉国家
財政規模と国家の能動性	小さな政府／消極財政(均衡財政) 立法権の優越	大きな政府／積極財政 行政権の優越と肥大化
重視される人権	自由権	自由権＋社会権
資本主義形態と経済政策の基調	産業資本主義 アダム・スミス型自由放任政策	修正資本主義 ケインズ型有効需要政策
通貨制度	金本位制	管理通貨制度

このように，いま私たちが「現代の問題」だと考えていることの大半は，近代的枠組としての形成過程とその後の変化を全体的に見通さなければ真の要因とか病巣が明らかにならない。現代社会を俯瞰しようとすれば，少なくとも近代社会を丸ごと視野に入れた議論が不可欠なのである。試みに，高校の公民科でよく取り上げられる政治・経済の変化を整理してみよう。

　前ページの図の対比は，1930年代を現代の入口と捉えた場合であるが，1945年としてもズレはほとんどないだろう。1919年のドイツ・ワイマール憲法で初めて明記された社会権（生存権）は，第二次世界大戦後に日本国憲法をはじめ世界各国で当然の権利として受け止められるようになった。自力では自由になれない大半の人たちのための自由を，誰がどのように保障するか。それは国家（政府）の作用によるほかない。現代は「大きな政府」となり，政府の仕事は量的に増え，質的に複雑化する。なすべき仕事がふくらみすぎれば財政（政府の会計）は悪化して，赤字国債に依存した危うい状況が発生する。「積極財政」とはそのリスクが宿命的に帯びるしくみである。専門的で高度な仕事が多くなるゆえに，国民代表であるはずの国会議員の手には負えず，基本的には官僚の立案に負う部分が大きくなって，行政権の突出が止まらなくなる。汚職や癒着や市場の失敗が発生する。国家（政府）があれもこれも手を出せば，健全な民間企業を市場から退場させるような弊害も現れる。近代の重要な枠組である市場が，いよいよ機能しなくなってしまう。政府の作用にぶら下がって生きるフリーライダー（ただのり層）や，福祉に依存して向上心や労働意欲を失う人たちが現れる。多額の税収を必要とする「大きな政府」では，取りやすいところ，すなわち富裕層からの徴収を厚くせざるをえないため，元手をもっていて経済成長の原動力になるはずの富裕層が生産意欲をなくし，ときには税率の低い海外へと拠点を移すことになる。

　新自由主義（neo-liberalism）は，そうした状況を打破するための論理として登場し，石油危機を経験した1970年代以降に先進国で部分的に，あるいは全面的に取り入れられた。大きくなりすぎた政府を小さな方向に戻し，市

場の力をもっと信用して，競争による経済成長と資源配分の適正化をめざし，活力ある社会を実現させていこうというものである。1980年代には英国・サッチャー政権のサッチャリズム，アメリカ・レーガン政権のレーガノミクス，日本の中曽根政権による民活(民間活力の導入)といった新自由主義的政策が本格化した。民活の一環として国有企業の民営化(電電公社→NTT，専売公社→JT，国鉄→JR各社)を想起すればわかりやすい。電電公社が民営化されなければ通信市場を国家が独占したままであり，競争による低価格化やサービス向上は起こりにくかったといわれる。政府の関与を薄め市場にゆだねる部分を増やす新自由主義は，一国の政府の力がなかなか及ばなくなるグローバル化後の世界との相性がよく，1990年代以降にも盛んに推奨され，政策化されている。2000年代の小泉政権が，郵政や道路公団を民営化したのもそうした世界的潮流に符合する施策であった。だが，政府の仕事を縮小し市場原理への依存を強める新自由主義は，社会的弱者すなわち自力では自由になれない人々の苦しみを再び拡大・深刻化させることにもなりかねない。階層格差の拡大，福祉の切り捨て，健康や安全の軽視といった事態が大いに心配されている。そのため欧米諸国では，しばしば政権交代による民主的な政策の揺り戻しがみられるのである。

3 「現代社会」の新たな段階へ
——地球規模の社会変動を前に

社会変動の時代

　社会変化というのは，その渦中にある人にとっては客観的に捉えることが難しいものである。とくに自分が直接経験した時期の変化は，変化していることに気づけないままでいるとか，ことさらに過大評価してしまうといったことになりがちである。多くの人が「同時代」の感覚を共有している1990年

代以降の変化はしかし，過小評価すべきものではなく，「変動」と呼ぶほうがふさわしいほどの規模で起こっており，一応地続きだった「近代」の枠組をも変えていくのではないかという予感すらある。変動とは，いうまでもなく地球科学における地殻変動を意識した言葉であり，表層ではなく内部の構造が不可逆（元には戻らない）なかたちで動いているのではないかという問題意識によるものである。そうした1990年代以降の変化を，現時点で断定的に論じることは控えたいが，もしそれが本当に大変動だったとすれば，前述したような1910～70年代の変移などとは比べものにならぬほどのことになるだろう。

冷戦終結からグローバル化へ

1989年，東欧の社会主義国家群が相次いで民主化され（共産党一党支配が崩れ計画経済が放棄されたことを意味する），東西分断の象徴だったベルリンの壁が打ち壊された。冷戦時代の終焉である。ドイツは翌年に再統一され，社会主義陣営の総本山であったソビエト連邦も1991年末に解体された。冷戦は約40年続いたので，多くの人々にとってはそれが当たり前の構造であったが，目の前で「壁」が崩され，ソ連が消滅するといった事態は衝撃的であった。「これで世界は新たな段階に移るのだ」という感覚は共有されていた。だが，それ以降の20年間に実際に起こったことは，その時点ではおよそ予見されるものではなかったのである。

冷戦期は，いってみれば国家を主役として地球が回っていた最後の時代といえる。最終決戦を念頭に置いていたため，武力を有し他国との調整権限を独占する国家の役割が非常に大きかったのである。冷戦終結に伴って平和共存の道が一応図られたこともあって，この機に経済でつながっていこうという動きが盛んになった。また，食料ないし資源・エネルギーの調達や商品市場（モノを売る先）の拡大を考えると，一国の範囲はあまりに狭すぎた。経済にとって国境は大いなる阻害要因となった。1992年，マーストリヒト条約

が発効して欧州連合（EU）が発足，域内の自由通行や権利の相互保障，移動の促進などが図られ，その7年後には単一通貨ユーロの運用が始まって金融政策が集約された。例外扱いの英国・アイルランドをのぞいて，いまEU諸国を移動する際にボーダーはない。いったん域内に入れば国内を移動するのと同じ感覚で，パリ→ローマも，ベルリン→マドリードも移動でき，しかも両替の手間や手数料が不要である。EUの場合，各国の役割が縮小してブリュッセル（欧州委員会）が巨大国家の政府になったという見方ができなくもない。しかし欧州以外の世界もまた，関税を引き下げ，輸出入障壁をなるべくなくす方向に急速に舵を切った。自由貿易の進展である。「見えざる手」のはたらく市場は，かつては国民経済に対応するものと考えられていたが，いまや地球規模の巨大市場が成立し，「見えざる手」が原理どおりに，あるいは新たな原理を携えて威力を発揮している。もはやどんな大国であっても，一国が単体として生きていくすべはない。しかも国家（政府）同士が先頭に立ってコミュニケーションするのではなく，企業など民間の組織・集団が国境を飛び越えて結びつき，交渉し，交流し，争う状況になっている。

　人・モノ・資本・技術・情報などが国境（ボーダー）を容易に飛び越えて往来するようになった1990年代以降の変化を，グローバル化（globalization）と一般には呼ぶ。国家の存在を前提にしていた「国際化」と違って，地球の一体化の方にアクセントがおかれる。折しも円高の進行や規制緩和による格安航空券の一般化で，多くの日本人が容易に世界を体験できるようになった。日本国内で外国人を見かけることなど当たり前すぎて，とくに振り返ることもない。そうした状況もこの20年の変化の結果である。

　この間の世界では，変動と呼ぶにふさわしいパワーバランスの変化が起きている。1980年代には，北米・西欧・日本という三極の「先進国」が圧倒的な力で世界経済を牽引し，中東諸国はそこに原油を供給するとともに，オイルマネーを駆使して金融市場に影響力をもち，東・東南・南アジア諸国は先進国の産業の下請けや孫請け，あるいは食料・労働力の供給基地とみなされ

ていた。1990年代に入って中国が経済的なプレゼンス（存在感）を急速に高め、日本に代わって製造業ナンバーワンの国になり、同時に消費社会化が進行して世界経済の「需要」側としても台頭した。中国に製品を買ってもらうことが、日本を含む各国の経済にとって重要な意味を帯びるようになった。1980年代から発展していたアジアNIES（韓国、台湾、東南アジアなど）も引き続き好調な伸びを見せた。この間の生活水準の向上は、人々の政治参画への欲求を高めることにもなり、社会の民主化が進んだ。冷戦期のアジアに広くみられた開発独裁体制や、軍事独裁政権は相次いで倒された。1980年代にはフィリピン、韓国、台湾で、1990年代にはインドネシアで民主的な政権が生まれている。一方、南アジアの大国インドは、豊富な労働力と一部の高い教育水準を社会発展と結びつけ、世界経済を支える「新興国」の有力な一角に入った。折からのIT化が、数字・数学に強いインドの国民性と合致したことは非常に大きかった。インドや東南アジアはもともと多言語共存の地域であり、母語の他に共通言語（とくに英語）を習得し駆使することが当然の作法であったが、グローバル化する状況にあってそれは非常に大きなプラス要因となっている。2000年代に入ってからは、レアメタルなど現代生活に欠かせない天然資源の需要の急増もあって、アフリカ諸国の経済成長が著しくなっていて、欧米・アジア経済との結びつきを強めている。

IT化・科学のハイパー化——高度化する社会

　この間、私たちの生活の周辺でも大きな変化が起こっている。1990年代に加速したIT化（情報技術の進展、情報機器の量的普及とそれに伴う人間・社会の質的変化）は、いまもなお止むことなく続いている。IT化について、たとえば電話や郵便に代わって、メールやSNSでのコミュニケーションが重視されるようになったとか、音楽を聴こうとするとき、お店でCDを購入するのではなくオンラインでダウンロードすることが多くなったなど、個別の「変化」を指摘することは容易である。いわゆる社会人だけでなく、中高生

や小学生までもがITを日常的に使うようになったことも事実として指摘できる。だが、そうした現象が人間の思考や認識、行動様式、社会的関係などをどのように変えてきた(いく)のかについて現時点で客観的に論じることは難しい。

一方、20世紀を通じて進行してきた科学技術の発達は、いよいよハイパー化(超高度化)と呼べるほどの飛躍を見せている。しかし、大量の資金と相当に高度な知性を必要とするハイパー・サイエンスは、一方で知の独占を促し、他方で一般人の側では世界が何により動いているのか、何を食べているのかさえも見えないというブラックボックス化の進展につながる。人間の生き死に直結する生命医療の発達は、生命観の動揺をもたらし、人間社会の側にあらためて倫理の問題を突きつけることになっている。

産業構造の変化と人口移動に、世代間の人口のアンバランス化も重なって、私たちの社会の基本的な構成にかかわる部分での変化も顕著になってきた。都市化、過疎化、少子高齢化、ライフコース(人生の行程)の現代化、家族の現代化といった変化も、これまでみてきたような社会全体の動向に重ねて冷静に検討すべきテーマである。総じて、多様化、複雑化、高度化といった表現がふさわしいものが目立つ。私たちの生活から縁遠いところで高度化しているのではなく、それらが私たちの便利で快適な生活と密接しているところに、現代の社会変化の難しさがある。

4　失われた20年と日本の今日的状況

長期不況の時代へ

前節で述べたような大変動に世界が見舞われていた1990年代以降、日本は深刻な停滞、低迷の時期にあった。ここでは、経済を中心にして日本社会

の変化を検討したい。

　高度経済成長が1970年代初めに終わってからも，省エネ化や産業構造の転換などに成功し，消費社会化の進行に伴う需要の堅調な伸びもあって，日本経済が失速することはなかった。1980年代後半には，金融自由化と大規模な金融緩和が結びついて大量の資金が土地や株・債券などに流れ込み，額面が実体経済を大きく飛び越えて展開するバブル経済が発生した。国際競争力は最高潮に達し，日本人の勤勉さと日本文化・日本型システムの優秀さが世界を制覇したと，後から思えば臆面もなく語っていた。しかし1991年に入って，バブル崩壊がいよいよ現実のものとなると，日本経済は急速に失墜する。金融機関が担保価値を過大評価して資金を貸し出したことがバブルの原因の1つだったから，不況で返済不能になってもその担保に額面どおりの値打ちはない。放漫な貸し出しを続けた金融機関は，大量の含み損や不良債権を抱えて新規融資を抑えたため，日本銀行が金融緩和を試みても資金は滞って景気の回復は起きなかった。身体に喩えれば，心臓の弁を全開にし，輸血も増やして血圧を上げているのだが，血管のあちこちにコレステロール（不良債権）がよどんでいて身体の隅々に血液が行き届かず，やがて腐ってくるという現象である。

　その間，製造業や農業などの団体は，以前からの政策の維持，産業の保護を強く求め，都市部以上に疲弊が激しい地方は公共事業の拡大を要求し，他方で新興産業は規制緩和と政策転換を願うという，過渡期ならではの矛盾する要求が政府を悩ませた。国債依存体質を改め，景気の下落を押しとどめ，なおかつ産業構造を無理なくシフトさせて世界の潮流に乗らせるという無理難題が降りかかった。橋本政権（1996～98年）は財政構造改革を志向し，政府の作用を縮小・統合して赤字国債の発行を抑えるという方針を採ったが，アジア通貨危機の直撃を受けて景気がさらに悪化し，国民の支持を失った。続く小渕・森政権（1998～2001年）は，一転して赤字国債だのみの財政出動で経済を支える挙に出た。景気は一時的に回復したが，これはある種のドー

ピングであったため，産業構造や経済のシステムを改めるための動因にはなりえなかった。

2000年代の動向

　小泉政権（2001〜06年）は，首相の言動やパフォーマンスがそれまでの自民党政権にはない新鮮さをもって受け止められ，高い支持率を得て登場した。この政権は，「民間にできることは民間で」と称して新自由主義政策を本格的に推し進め，常に景気の足を引っ張っていた不良債権の処理に大なたをふるい，郵政などの民営化を通じて旧来の体質の一掃を図り，種々の規制緩和を断行して民間経済のネジを巻いた。かつては日本経済が世界を制覇する原動力だった日本型システムは，1990年代にブレーキとみなされるようになり，小泉時代を中心にその改革が目指された。終身雇用・年功賃金制はかなり崩れて雇用が流動化し，派遣労働の拡大が図られ，累進税率の緩和（つまりは富裕層の減税）が実行された。小泉改革は，数字の上でも実感としても成果を上げたといえるが，その副作用はのちに強烈なものとして国民生活を襲った。

　終身雇用の後退は，企業に全生活を献身するようなところからの解放であり，生き方の自由をもたらす可能性をもっていたのだが，実際には就労者に占める非正規雇用の割合が大きくなり，不況になれば契約解除されかねない不安定さの中に追い込まれることになった。正社員との間には，賃金のみならず将来の可能性にも格差がある（自身のステータスを高めるための，スキル習得にかける時間的・金銭的余裕が非正規には乏しいなど）ことが指摘されている。また，数世代にわたる政治家・官僚の不作為のツケにより，社会保障制度が行きづまりを見せるようになった。とくに年金や医療保険などの社会保険は，制度の根幹が問い直される事態になっている。それは競争が基調となった時代にセーフティーネット（安全の網）が機能しないという結果につながっている。また，不良債権処理にめどをつけ，大合併を通じた大規模化と規制緩和（制度ごとの業務内容の規制を取り払う）でようやく立ち直った

金融機関だったが、そのころには、グローバル化の中で世界の巨大金融資本に対抗することは困難になっており、資金を融通して国内産業の発展を期すという従来のやり方が厳しくなってしまっていた。

　2008年のリーマン・ショック（住宅ローンの大規模な不良債権化に端を発してアメリカの金融機関リーマン・ブラザーズが破綻し、これに連動して世界の信用不安が生じた）を契機とした世界同時不況は、小泉改革の副作用に悩む日本経済をも巻き込み、「派遣切り」と呼ばれた非正規労働者の大失業や、消費のいっそうの低迷につながった。人心はついに長年日本の政治を独占してきた自民党政権を離れ、2009年夏の総選挙で民主党政権を誕生させた。初の本格的な政権交代である。だが経済の不調は変わらず、2011年3月には東日本大震災が発生、津波の甚大な被害に加えて福島第一原子力発電所の事故をひき起こして、見通しはさらに暗くなった。2012年の総選挙では再び政権交代が起こり、経済再生を掲げた自民党・公明党の連立政権が復活した。

変動と向き合う日本社会

　1990年代の挫折を、日本の「失われた10年（the Lost Decade）」と呼んだ。その後の推移を加えて、2000年代（ゼロ年代）を含めて「失われた20年」と呼ぶことも多い。失われたのは金額に換算できる「経済」だけではない。「自信」もまた失われたのである。長年のデフレ生活は、つつましく倹約的に生きるという意味でよい面もあるが、売る側も買う側もただ価格を抑えることにのみ腐心して、品質や安全性を軽視しがちになり、国民心理的にも内向き、抑制的になってしまったといわれる。グローバル化とIT化が猛烈な勢いで進展したのはちょうどその間のことである。コンピュータ技術を誇っていたはずの日本は、インターネットの普及とそれに乗ったシステムの開発でアメリカに大きく後れを取り、経済そのものも、中国の急成長を見守るしかなかった。また、水と安全はタダであるという楽観が、経済成長の時代には共有されていたが、1995年に相次いで起きた阪神・淡路大震災と地下鉄サリン事

件は，その慢心を一挙に消し去ってしまった。2011年の東日本大震災および原発事故では，その被害の甚大さとともに，復興までの非常に長い時間とその間の苦しさに，多くの人が茫然となった。

　だが，そうした困難な時期，時代の過渡期には，「登り坂」のころには見えなかった（見ようとしなかった）ものが表出してくる。ただ数字を伸ばすことに邁進するあまり，ゆとり，人間らしさ，優しさ……といったものを犠牲にしていた面は否めない。企業に献身して家庭をかえりみなかったり，利潤を増やすために法や倫理にもとる行為をしたりしていたことを，「本当によかったのだろうか」と立ち止まって再考する機会にもなったのである。この間に2度まで経験した大震災では，ボランティアや地域の支え合いの意義があらためて実感をもって受け止められた。社会変化はこれからも続くので，古い体質の根深い残存や，競争社会ゆえのエゴ剥き出しのようなこともなおみられることだろう。私たちが現代社会のさまざまな事象から何を学び取るのか，その真価が問われる時期がやってきている。

5　現代社会を知る，現代社会と向き合う

拡大するステージと，追いつけない関心・視野

　江戸時代に生まれた人の目には，子どものときと老人になってから見た世の中の姿がどれくらい「変化」したと映ったのだろうか。現在の日本人の多くは，第二次世界大戦後に生まれ育っている。高度成長に伴って世の中はずいぶん変化したから，生きている間ずっと変化を見続けることになる。1990年代以降に生まれた「若者」にとっては，自分の人生と同じかもう少し長いスケールで，変化どころか変動が起こっていたのであり，ある時点では正解・常識だったものが，あっという間に不正解・非常識になるという事態が絶え

ず生じている。たとえばパソコンや携帯電話の仕様，アプリケーションの種類や性能は，数年単位で大きく変わる。ITを上手に使う人というのは，個々の使い方を1回ずつマスターするのではなく，IT全般に共通する作法やリズムのようなものを全体的に学び取って(感じ取って)いる。そうしていると，新しい展開があったときにも無理なく乗り換えることができる。現代社会の見方，捉え方，学び方も，もはやそのようなかたちでしていくしかない。すなわち，個々の事象を一つずつ理解するのではなく，現代社会に共通する作法やリズムのようなものを全体的に学び取っていくということである。

真の学びのために

　これだけ複雑化し高度化した社会に私たちは生きている。しかも，その視野はすでに全地球規模に及んでいる。思考のキャパシティというものがあるのならば，とっくに飽和しているかもしれない。そして，これまで述べてきたように国家(政府)の役割が縮小し，規制緩和が進み，グローバル化が進展するとなれば，自分を取り巻く社会のもろもろについて各人がよく知っていなければ，まともに生活することもままならなくなり，ひいては自分の身体や生命を守ることすら難しくなってしまう。

　私たちの学びというのは，どうしても目の前の試験をクリアするためのものに終始しがちであった。それは，指定された範囲の内容(主に「知識」)を記憶して，私見で吐き出すというやり方にどうしても矮小化される。中学校→高校→大学と進むにつれて，学習内容は高度化し，容易に理解できなくなっていく。そして，そこで学ばれた内容がどこにつながり，どう作用するのかというコンテキスト(文脈)を，多くの学習者が知れないままでいる。それに伴う学習動機の低下をとりあえず補うために，学習者は「いまのこの学習をがまんして乗り切れば＜よい大学，よい企業＞に進める」と考えて意味の薄い学びに向かい，教師の側も短期的な学習動機の引き上げを期して，「目の前の試験」へと追い立ててきた面を否定できない。

誤解を恐れずにいえば，高校レベルの各教科の知識があれば，かなり広範な社会的事象について理解できるか，見通しを立てることができる。ただ，高校レベルの知識というのは，実は一般のおとなでもなかなか理解しがたいものである。教科の内容を，単純な暗記や試験向けの符牒として獲得するのではなく，真に自分のものとして内面化することが求められている。それはなかなか大変なことであるが，現代においては不可欠のことでもある。高校と大学の学びは違うと考えるのが普通である。しかし，高校時代に部分的であっても「真に自分のものとして内面化」した学習経験をまったくもたなかった者が，大学で専門的な内容に向き合っても，なかなか学べるものではない。現代社会の学習に関しては，その内容を自分の外側にある問題としてではなく，自分自身の生活や行動，さらには人生全体に直結する問題なのだと確信できたときにはじめて，深まりと広がりを実感することができるだろう。

既知をつなぐ思考

　中学校→高校→大学と進むにつれて学習内容が高度化すると前述したが，同時に内容が専門分化していく。それは必要なことではある。しかし，問題意識が寸断され，バラバラになり，全体の中のどのパーツなのかが不明確になってしまうという弊害も伴う。アカデミックな学者の世界でもそうした専門分化（内容が狭く奥深くなって，相互交流が不可能になること）への批判が提起されている。ましてプロの研究者を目指すのではない人が大半を占める高校や大学では，学習が視野を狭めるものであってよいはずなどない。学習内容が徐々に高度化するのにつれて，それらを横につなぐ視点を獲得し，全体を俯瞰する視野を得られるというのが理想である。

　ほとんどの人が高校で学んでいる。相当に長い時間をかけてさまざまな内容を（いったんは）学んだはずである。忘れてしまったこと，取り込めぬままやり過ごしてしまったことを含めて，そこまでで学んだことはかなりの量になる。また，学校で学ぶことには関心をもてなくても，日々生活し，さまざ

まな情報に触れ，多くの財やサービスを消費することについては誰しも関心を抱いている。学校の知識にしても，生活環境における関心事についても，普通は個別の問題だと認識して，関連性や相互作用については視野の外に置いている。また，飲み食い（食生活）やサブカルチュアなどは，伝統的な学問の世界において下位にみられがちだったせいもあって，それに強烈な関心を抱いている人たち自身ですら，「学習」の対象外だとみなしてしまうことが多い。教科・領域間の壁や，学問の対象としての上等・下等といった思い込みを取り払ってみると，実にいろいろな事象が相互にかかわり合って問題（群）を成している様子が見えてくる。何かを勉強しているとき，「あれとこれは関係ないように思っていたのに，こんなふうにつながっているんだ。すごい！」と思った経験はないだろうか。つながりを発見，体感できたときの知的な喜びとでもいうべきものは，他には代えられないものである。

　教師は，個別の教科の専門家であるが，専門性の高さゆえにその教科が閉じたものであるという感覚に陥りやすい。生徒たちに学習を通じて「つながり」を体感させ，それを次なる学習意欲へと結びつけていくためには，教師自身にそのような学習経験が十分になくてはならないのである。教員養成が，「広く知識を授けるとともに，深く専門の学芸を教授研究し，知的，道徳的及び応用的能力を展開させることを目的とする」（学校教育法）大学で行われている意味を想起すべきであろう。

　すでに「知っている」ことは，思いのほか多いのである。そこに補助線を引くことこそ，現代社会を学ぶために最も重要なスキルである。

さまざまなリソースとメディア

　授業などをきっかけに向学心が少し芽生えたというとき，「今回のようなテーマの本を読んで勉強してみたいのですが，おすすめはありますか」と質問を受けることがある。教師であれば各論について適切な参考書を提示できると思うが，前述のようなつながりをもたらしてくれるような文献をとなる

となかなか難問である。というのは，教師自身はそのつながりを何かの本から読み取ったというよりは，複数の，あるいは多様な学習経験の中からつながりを発見したとか，いつの間にか気づいたということが圧倒的に多いからである。そして，仮に同じような本を読ませたところで，同じような結果を得られるわけでもない。

　いえることは，授業で出される課題に追われて参考文献を探しているうちは，全体像やつながりのヒントをなかなか得られないということである。たとえば「資源・エネルギー問題について」のレポートを課されたとすると，日ごろその分野に関心がない人ならば，なおさら「資源・エネルギー問題」という言葉の入った文献を探し，あまり関心がないものだから1冊読むのがやっとで，ようやくその本を薄めたような文章を仕立てるにとどまる。あるいは，検索エンジンで「資源・エネルギー問題」を調べて，もっともらしいサイトの内容を部分的に参照して終わる。ウェブサイトのほうは，ページあたりの文字数が少ないのが特徴だから，要点をかいつまんで学ぶには好都合だと考えられるためである。しかしそれらの方法だと，資源を消費するということが何を意味するのか，原子力発電というのはいかなる作用によって行われるのか，私たちの日々の生活や，消費行動のどんな面が資源・エネルギーを必要としているのか──といったことは，おそらく見えてこない。見えないまま，「いわれたからやりました」といった他律的な学習で終わってしまう。いったん自分たちの生活や関心事に引き寄せて考えれば，「楽しく便利で快適な生活」という，大半の人間の欲求や願望がそこに直結することや，現代社会が，それ以前には一般に知られなかった，電気という不可視のものに支えられていることにも関心が向くはずである。ただ，多くの生徒にとっては教師が補助線を引くという支援が必要である。

　テレビの報道番組やドキュメンタリー番組を習慣的に見ておくこと，毎月発行される新書本をリストアップして目を通しておくこと，ある分野への関心を少しだけ拡大・拡張させて思考する習慣をつけること，「話が合わない」

ことを恐れずにディスカッションすること —— 優先順位は人それぞれでよいが，現代社会の学習の土台には，そうした日常的な取り組みが不可欠である。それはノルマや努力や苦痛ではない。毎日食事するくらいの「習慣」である。関心がほんの少しでも広がっていくことを体感できれば，その先は決して苦痛ではなくなるはずだ。筆者には，インターネットの情報を敵視する意図はまったくない。それは現代社会においては非常に有意義なリソースである。ただ，少なからぬ若者が「インターネットでしか調べられない」状態に陥っている。それは，インターネットの情報の特質や問題点を知らないままそこに依存するという，IT 化の悪しき帰結ですらある。インターネットの情報もまた，各自の「現代社会」像の中に位置づけ直さなければ使いものにならないのであり，メディアが進化しても，私たちが習慣化しなければならない作業はさほど変わらないと考える。

世界への関心

　日本社会が発展途上にあった時代には，モデル，お手本あるいは憧れの対象として外国（そのころはおそらく「欧米」）があった。いつか行ってみたい，外国で学んでみたいという願望が広く存在した。今となっては信じられないが，海外旅行を自由にできない時代というのがあったのであり，しかも 1 ドル＝ 360 円と現在ではおよそ受け入れられないほどの「円安」で，一般人が海外に出向くことは夢のようなことだった。もとより，実現困難であればこそ願望や憧れだったということはできる。

　当時に比べれば，円が格段に強くなり，規制緩和もあって航空券などもかなり安くなった。IT 化のおかげで，海外情報をダイレクトに入手することが容易になり，高額な国際通話で下手な英語を話さなくても，海外のホテルやイベントの予約を取ることも可能になった。そして，欧米にとどまらずアジアやアフリカなど地球上のあらゆる地域への距離（時間的・空間的・精神的な）が縮まった。にもかかわらず，近年では若者の内国志向の強まりが指

摘されている。それはたとえば，海外留学が頭打ちになっていることや，企業に入って海外勤務を嫌がる傾向として表出しているとされる。もちろん，国境をものともせず積極的に海外に進出する人や，海外との交流を日常的に行っている人は多いし，関心のある分野に関して，世界の情報を丁寧にチェックする人口は拡大している。しかし，「自分は別にいいです」と内弁慶になる若者が多いのも事実である。グローバル化の時代であり，世界とのかかわりが必要になっているのはわかる，でも「自分以外の誰かがそれをやってほしい」という気持ちなのだろうか。日本社会がそれなりに豊かで満たされているのかもしれないし，かつては日本にとっての利点であった言語的一体性が，逆に異言語圏との接触を阻む心理的要因になっているのかもしれない。

　世界に目を向けることは自分たちの国や社会について知るための最短ルートでもある。日本にいる間はなかなか難しいことなのだが，最初のうちはあえて意識的に，「外国ではどうなのだろう」という自問をもつようにして海外情報を探索する習慣をつけたい。インターネットを使えば，外国の新聞やニュースをリアルタイムで読むこともできる。「外国語なのだから全部わからなくて当然だ」というような気分で読んでいれば，日本人に根強い英語アレルギーも少しは払拭されるかもしれない。学校の教師，教師を目指す人は，自分自身の態度がドメスティック（内国的）になっていないかを自省してほしい。「それ（ドメスティックな態度）でよいのだ」という面が伝わってしまうのは，本当にまずいことなのである。

歴史に目を向ける

　さてここまで，現代社会＝「急速に変化する社会」という認識のもとで論じてきた。常に変化し続ける社会，そして変化それ自体を捉えるには，ある種の「動体視力」が不可欠になる。長い時間を生きているおとなですらそれを十分にもっているとはいえないし，十全な動体視力など誰にとっても望むべくもない。コミュニケーションを通じて人々がそれをある程度共有し，その共

有部分を広げ，かつ容易に援用できるようにしていくことが現代人のつとめであろう。

　変化を捉えるためには，歴史的な視点が絶対に必要である。やや欲張っていうなら，少なくとも300年くらいのスケール ──「近代」を相対化できるくらいのスケール ── で考えておきたいところである。ところが学校における歴史の学習は，近現代史になるほど断片的な知識の習得に終始するきらいがあり，社会の全体像を捉えるのが困難になりがちである。「現代社会」論の立場からいえば，現代のさまざまな要素について，「それがいつ，どのように形成されたのか，本来はどのようなものだったのか」という視点で時間を遡るという思考を習慣化しておきたい。そうした歴史的な想像力を少しずつ蓄えていくことが，社会のダイナミズムを捉える動体視力のもとになっていく。

社会変動の中の公教育と学び

　大きな社会変動の中で「学び」のあり方が質・量ともに変化を求められているのだとすれば，従来その中心的な役割を負ってきた公教育（学校教育）と，教師の役割にも少なからぬ変化が及ぶはずである。

　公教育は，個々人が自らの判断と意思と経済的負担によって受ける私的な教育とは異なり，国家権力の作用によって次世代の人間と社会を形成するという公的な営みである。そこには計画性や拘束性が付帯していて，それこそが私的な教育との質的な違いを支えてきたものである。憲法にもあるように，誰もが均しく教育を受けるということは生来の権利である。しかし，教育を受けて自らを高め，社会を形成していくことの意義を，誰もが自律的に知ることができるわけではない。多くの場合は他律的，受身的に教育を受けて，その成果を享受するということになる。だからこそ国家などの公的セクターが民主的な手続きに沿って熟議を重ね，教育の目標や内容を定め，実施していくことがきわめて重要になる。

　学制が公布された明治初期から，高度経済成長が一段落した1970年代こ

ろまでは，日本社会はある意味での「発展途上」にあり，欧米などのお手本，モデルを想定して，そうした「正解」により効率的に近づくことを必要としていた。また，その時期の産業の中心は工業であり，生み出され，取引される商品は物質的なものが大半であって，可視的で，認識しやすい存在であった。そうした時期の学びは，既存の学問やその成果を確実に内面化し，「正解」を導き出せるようにするという方向性をもつことになった。しかし，日本が経済大国化して世界の最前線に並び，もはやお手本のない道を進まなくてはならなくなったとき，それまではあまり重視されてこなかった創造性や，「正解」のない中で最適解への接近を図るような学習が求められるようになる。ポスト工業化，産業のソフト化が進む中で，そうした学習から生み出されるスキルは，一部のクリエーティヴな職種にとどまらず，より広範な社会人に必要な素養とされるようになってきた。そして，これまで述べてきたように，自分たちが生きる社会をどのように認識するかということについても，固定的なものではなく常に変化するものとして捉える動体視力を必要とするようになっている。

　そのような中で，公教育のあり方も当然再考されるべき時期を迎えている。従来の教育システムは，計画性と拘束性の中で，比較的定まった内容を伝え，教えるという明治以来の方向性を支えるものであった。新たな目標に沿ってそれを改変させるべきなのか，社会変化にかかわらず不動で普遍的な部分があるとすればどの点なのか，計画や拘束はなおも妥当といえるのか，といった点を，教育を受ける側はもちろんであるが，これにかかわる立場の者は自覚的に検証しなければならない。本書の第Ⅱ章では，さまざまな視角から現代社会の様態を捉える試みをしている。そこでの思考・分析の成果を携えて第Ⅲ章の内容に取り組み，現代社会の中の教育，そして「学び」のゆくえというテーマを深化させてほしいと願っている。

第Ⅱ章
4つの位相から見る現代社会

1 現代化の時代を読み解く

　日本では，20世紀中盤（特に高度経済成長期）に農村と都市の人口比が逆転した。現在の「日本社会」は，大部分において「都市型の社会」である。

　① 現代社会における都市化の進展では，その「都市」をさらに詳しく分析することで，現代の都市問題への視点を提供している。都市という言葉から連想するイメージは人により幅があるかもしれないが，そもそも都市というもの自体が重層的な構造をもつものであり，機能や文化の面での多様性がその内部に存在する。ここでは，本来は都市の外に位置していた地域が，都市の規模拡大に伴って，ニュータウンとして開発された経緯やその後の展開を紹介している。また，都心部を含めた都市の再開発にも注目している。ここで得られた視点を応用して，まずは自分の住む地域を分析してほしい。そして，そこで終わることなく，外国を含む他の都市についても同様の手法で考察を深めてほしい。現代の都市がもつ問題を，各地域に特有の事象と普遍的な事象との両面から検討することで，より立体的な理解が図れるはずである。

　昔も今も最小の社会的単位は家族である。しかし，その規模や形態，機能は，時代ごとに大きく異なるものである。「家族は大切」と思う人のあいだでも，その像が共有されにくい時代になってきた。**② 家族と社会**では，主に社会学的な手法を用いて，家族の現代化への接近を試みた。グローバル化や民族紛争といったテーマと異なり，家族という問題に関しては，身近で当事者感覚が大いにあるという人が多いだろう。だが，それゆえに，家族を「対象」として突き放し，分析することは容易ではない。各自の人生観にもかかわる問題であるが，同時に，多様な価値観をもつ人たちとともに社会を形成していくという視点に立っての検討が不可欠である。

　20世紀は，大量生産・大量消費の時代であった。先進国で始まったその現象はのちに途上国にも伝播して，いまや世界中を覆うものになっている。

私たちが便利，快適だと感じる現代の生活は，そうした大量生産・大量消費によって支えられている。しかしそれは，有限であるはずの資源の浪費や，環境負荷の増大，そして生産と消費の双方における主体性やモラルの混乱を呼ぶものでもあった。③ **持続可能な消費と生産**では，そうした問題意識に立って，生産者と消費者の双方が構造変革のために起こそうとしている新たな取り組みを検討している。このようなテーマでは，しばしば「一人ひとりにできることを考えよう」という結論に終始することがあるが，同時に「一人ひとりにできないこと」をも抽出し，それを社会全体として解決していく道筋を得ることがより重要である。本稿の記述を手がかりに，各レベルでの取り組みを調べ，考察を深めてほしい。

日本ではこれまで，民族・言語・宗教などの異なる人々が混住することに伴う混乱や葛藤というものが，あまりクローズアップされてこなかった。だが，世界の大半の地域ではそれが常態であり，対立を超えて共存する道が常に模索されている。そうした視点から考えると，均質にも見えた日本社会そのものが，実は文化的な多様性を大いに内包するものであり，多文化化というのは「私たち自身の考えるべき課題」であることに気づくだろう。④ **多文化化する社会**では，国内外の具体的な状況をもとに，応用のための視点を提供している。

⑤ **里山的な生態系と現代社会**では，身近な地域の現代的変容（開発と「里山」の消失）という問題を足場にして，「現代化」を照射する試みである。ここでは，主に社会学や経済学の観点から問題への接近を図っているが，自然科学の知見を合わせて思考することで，さらに理解を深めることが可能であろう。

「現代化」の各テーマは，個々人の人生観や価値観にかかわることが多く，しばしば思想的のみならず政治的争点にもなる。ここでの思考を手がかりにして，日本を含む各国政府の打ち出している政策や，政党・政治家などの主張を検討することは，現代社会を生きる主権者のひとりとして欠かせない態度であろう。

① 現代社会における都市化の進展

1 都市化とは

　都市化とは，都市発展とそれによる集落ないし地域の変化過程をいう。都市化は，現在日本国内において，また世界各地でも急速に進行している。日本の首都東京を中心とする東京大都市圏を例にとれば，市街地の広がりは江戸時代以来拡大の一途をたどっていると言えよう。

　アメリカ合衆国では，都市化の進展に伴い，大都市の郊外に住宅地が形成され，都市が拡大した。都市研究者バージェスは，イリノイ州のシカゴに関する研究をもとに都市構造の同心円モデルを提案した。アメリカ合衆国の都市では，都市の中心にCBD（中心業務地区）があり，その外側に労働者住宅地帯が位置する。その外縁部に優良住宅地帯が広がり，さらに通勤者住宅地帯へとつながる。すなわち，20世紀初頭のシカゴでは，都市と郊外を結ぶ鉄道が整備され，鉄道に沿って郊外に都心で働く富裕層のための労働者住宅地帯が形成された。アメリカ合衆国の都市では，住宅は都心に近いほど古く価格が

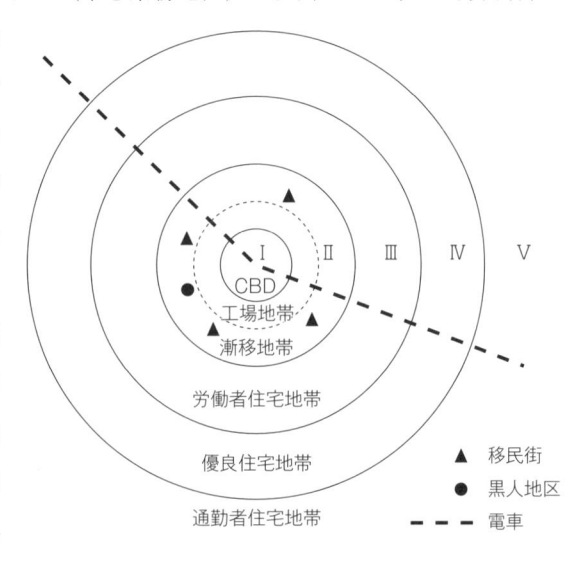

第1図　20世紀初頭のアメリカ合衆国の都市構造・バージェスモデルに加筆修正

（矢ヶ崎2008による）

安く，郊外へ向かうほど，住宅は新しく，価格が高くなる。したがって貧しい人々は都心に近い住宅地に住み，豊かな人々は都心から離れた郊外の住宅地に住むという傾向が見られる。経済的な階層によって，居住地に住みわけが行われる。このようにアメリカ合衆国では都市の郊外には，富裕層向けの住宅地が開発され，都市化が進展した。また，近年では都市内部の再開発により，都心が再評価され，郊外への志向に変化が見られる。

一方日本では，都心に近いほど地価が高く，都心から離れるほど低くなる。このため住宅の価格も都心ほど高く，郊外ほど低い。手頃な価格で住宅を取得したいと思えば，郊外へ住む場所を求めることになる。また，日本の都市の郊外には，大規模なニュータウンが都市住民に住宅を供給するために開発されている。

2　都市化とニュータウン

ニュータウンは，都市の郊外に宅地の開発によって作られた新しい町である。大規模に，そして計画的に都市化が進行する地域と言える。東京都郊外の多摩ニュータウンを例に，都市化の実態を見てみよう。

多摩ニュータウンは，東京都の住宅の不足を解消するために，1960年代から計画的に作られた。地域は東京都の西部に位置する八王子市，多摩市，稲城市，町田市の4市にわたり，総開発面積は約3,000haに及ぶ広大な宅地開発事業である。1965年に多摩ニュータウンを開発するための都市計画が決定され，1971年，多摩市諏訪，永山地区で最初の入居が始まり，その後も現在まで，住宅地の開発が続けられている。

多摩ニュータウンの一角を形成する東京都稲城市は，東京都の南部に位置し，神奈川県川崎市多摩区と隣接している。稲城市長峰地区は，1995年に町開きが行われ，入居が始まった。開発以前の地形図を見ると，等高線が入り組み，非常に起伏に富んだ丘陵地の地形が見られる。多摩川の支流である三沢川が解析した谷が北東から南西に延び，谷に沿って鶴川街道が通る。川

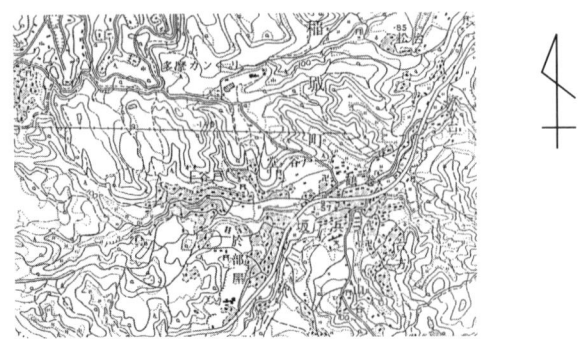

第2図　1:25,000 地形図「武蔵府中」昭和41年改則昭和42年発行

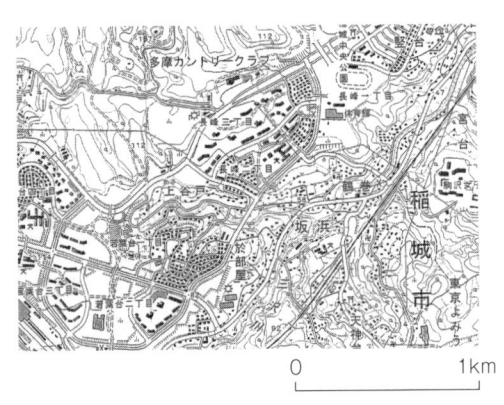

第3図　1:25,000 地形図「武蔵府中」平成19年更新平成20年発行

に沿って水田が開かれ，集落が点在する。地形図には「上谷戸（かさやと）」「堂ヶ谷戸（どうがやと）」という地名が見られる。谷戸（やと）は，丘陵地を河川が浸食してできた谷が作る地形の名称で，多摩丘陵に多く見られる。

　ニュータウン開発後の地形図を見ると，丘陵地の標高の高いところが開発され，住宅地が造成されていることが分かる。戸建て住宅，中高層の集合住宅があり，街区公園が整備されている。谷に沿った低いところは，水田や畑などの農地と集落が残る。ニュータウンの開発によって丘陵地に広がる森林，水田や畑，集落が見られる景観は，住宅地中心の都市的な景観に大きく変化する。また，新しい町ができると地名も変わる。地区の名称は公募によって付けられ，長峰という地名は旧小字名に由来する名称だが，隣接する若葉台，

は，全く新しく誕生した地名である。

3　ニュータウンの生活様式

　当初ニュータウン建設の主体は，1955年に設立された日本住宅公団であった。公団住宅では台所と食堂を合わせたDK（ダイニングキッチン）が作られ，新しい生活様式が導入された。当時はまだ，人気テレビアニメの「サザエさん」の家族のように畳の部屋にちゃぶ台を置き，家族全員で食事をすることが一般的だった。新しい住宅では，台所の近くにテーブルを置き，椅子に座って食事をするためのDKを作り，寝食の分離を目指した。その後，この新しい生活様式は普及していく。

　ニュータウンでは，町開きと共に一斉に人々が住み始める。新しい町に引っ越し，見ず知らずの人々が突然隣人となるため，当初は既存の集落に比べて人と人との結び付きは，希薄になりがちである。

　ニュータウンの町開きに合わせて，新しい学校が開校すると，4月はじめの開校式に続いて，1学期の始業式が行われる。体育館に集合した子どもは緊張し，非常に静かに整列していて，おしゃべりをする子どもは1人もいない。普段の始業式では，子ども同士春休みの話に花が咲くものだが，おしゃべりをしたくても顔見知りの友だちがまだいないからである。子どもも大人も新しい隣人との町づくりが始まる。

　一般に祭礼や塞の神などの地域行事は，地域の人々の結び付きを強め，維持する働きをもつ。神社の祭礼で御神輿が練り歩き，地域を一回りすることを通して，子どもは自分の住む地域の広がりを捉え，お祭りに参加した友だちと仲良くなる。しかし，ニュータウン地区ではそもそも神社が無いため，地域の行事としての祭礼が行えない場合も少なくない。地域の結び付きを深める機会も限られる。そこで，人々が結び付きを持つことができるようにする取り組みが必要となり，隣接する在来の地区から御神輿を借りてきて，ニュータウンの中で子どもの祭りを行う事例も見られる。

今日，初期のニュータウンが建設されてからすでにおよそ40年以上が経過し，地域によっては住宅の老朽化，住民の高齢化，小中学校の統廃合などの問題が現れている。

　このように，都市化の様子を特徴的な場所を決めて定点観察してみると，地域の変化がよく理解できる。都市化とそれに伴う変化は，現在もなお各地で進行中である。

4　都市の再開発

　都市化が進展し，都市の規模が拡大すると，都市の内部では，工場の都市の外部への移転に伴って，経済活動が停滞し，住宅やオフィスビルなどの建物が老朽化し，社会的な不利益が集積する。その結果として人口の減少を招く現象はインナーシティー問題と呼ばれ，世界の大都市でしばしば見られる。

　再開発は都市化の進展に伴い，活用されなくなった都市内部の既成市街地を新しい都市計画のもとに再生させることである。

　例えば，イギリスの首都ロンドンのドックランズ地区は，テムズ川に沿って掘込み港が建設され，かつて船舶による貨物輸送の拠点であった。河川に沿った交通の要衝で，ここで多くの労働者が働いていた。しかし，輸送の中心が船舶から鉄道や自動車へ変化すると，主要な企業が閉鎖され，失業率が高くなった。このドックランズ地区では，1981年にドックランズ開発公社が設立され，再開発が進められた。公共交通機関が整備されるとともに，金融業やサービス業など，この地域にとっては新しい業種の企業がオフィスを構えた。この地区は，就業機会が増えることにより，人口が増加し，魅力ある町に再生した。

5　再開発と新宿のイメージ

　東京の新宿と聞いて，頭の中にどのような町のイメージが浮かぶだろうか。新宿は，銀座や渋谷と並んで東京を代表するにぎやかな繁華街だというイメ

ージを持つ人が多いと思う。現在の新宿駅は，1日の乗降客数が300万人を越え，東京都内でも有数のターミナル駅である。新宿駅の東口に出ると，スクランブルの交差点を多くの人が行きかう姿や，スタジオアルタのビルに付けられた大きな映像スクリーンが目に入る。また，西口には地上48階建ての東京都の都庁舎をはじめとする高層ビル群が見られ，新都心らしい景観が広がる。このような現在の新宿駅周辺の様子からは想像ができないが，かつて新宿は江戸の町の郊外，すなわち町はずれの場所だった。

　1965（昭和40）年新宿の西口にあった淀橋浄水場が，より郊外の東京都東村山市へ移転すると，浄水場の跡地は再開発され，高層ビルが建てられた。京王プラザホテルの建設をはじめとして，東京都庁の新庁舎が建設され，その後も高層ビルが次々に建設されている。そこに都市の中心機能が移転するとともに，景観が大きく変化した。このようにして，江戸の町の郊外の宿場町にすぎなかった新宿は，東京大都市圏の拡大に伴って，次第に都市の内部へ取り込まれ，淀橋浄水場跡地の再開発を経て新都心へと変貌を遂げた。

新宿新都心の高層ビル
（2012年2月 筆者撮影）

　これまでみたように，現代における都市化は，周辺地域の都市内部への取り込みや都心自体の再開発など，互いに関係し合って多様な様相をみせている。本稿でみたような定点観測の手法を用いて，各地域における都市化のあり方を分析することは，現代社会を多面的に理解することにつながるのである。

＜参考文献等＞
山鹿誠次著（1973）『都市の研究と診断』大明堂
青木栄一ほか編著（1979）『現代日本の都市化』古今書院
漆原和子・藤塚吉浩・松山洋・大西宏治編（2007）『図説　世界の地域問題』ナカニシヤ出版
矢ヶ崎典隆（2008）地理資料　都市構造から見たアメリカ合衆国の地理：『新地理』（日本地理教育学会）第56巻1号 pp.38-43.
矢ヶ崎典隆編（2011）『世界地誌シリーズ4　アメリカ』朝倉書店
加賀美雅弘編（2011）『世界地誌シリーズ3　EU』朝倉書店

② 家族と社会

「あなたが一番大切にしているものは何ですか」との世論調査で，1983年以降，「家族」が第一位に選ばれている（統計数理研究所 2008年 回答をカテゴリーで集計）。今日，その家族をめぐって，老人の孤独死，子どもへの虐待，過酷な介護の実態などさまざまな課題が指摘されている。

こうした現代日本の家族を，「歴史的な流れ」や「社会構造の中」に位置付けるとどのように捉えられるのだろうか。本稿では，家族の形態と様態を現代社会の諸相の中で社会科学的に考察していきたい。

1　家族を捉える３つの視点

家族に関わる現象が社会問題として議論されるとき，それは社会学の研究対象となる。家族社会学では，家族を捉える視点として「社会的機能」「個人的機能」「価値意識」が指摘されることがある。

社会的機能	家族と社会のつながりという視点から，家族が社会に対して，その責任や役割を果たしているか。
個人的機能	一つの家族に目を向けて，構成している家族一人一人の期待がその家族によって叶えられているか。
価値意識	一人一人が抱く「このような家族であって欲しい」という願いや考え方を意味し，家族に対する意識や価値付けのこと。

「社会的機能」とは，家族を社会の基本単位として，社会の維持・発展のために役立つべき存在として捉える視点である。この「社会的機能」は政治的でもある。政治的というのは，社会が家族にどの機能をどの程度期待するのかということであり，それは社会制度として具体化される。

「個人的機能」とは，家族を構成する一人一人にとって，その家族がその一人一人の欲求を満たしているか，との視点である。家族に対する期待は「生活上の期待」と「感情的な期待」に大別される。日々の生活が満たされてい

るか，情緒的な満足を得ているか，と言い換えられる。

「価値意識」とは，「家族とは何か」という意識や価値付けのことであり，個々人の「こうあって欲しい」という願いである。一人一人の価値意識は「時代」や「社会」，「家族構成」や「関係性」などによって変化する。この視点から家族を捉えることは難しいが，家族を考える際，重要な要素となる。家族に対して抱く「理想状態」を具体化したものを「家族の理想モデル」（略して「家族モデル」）と呼ぶ。

2　現代家族の「揺らぎ」

それでは，「家族を捉える3つの視点」に照らして，現代の日本家族にどのような問題が生じているのか見ていこう。

社会的機能として，家族は子どもを産み育て，次世代の社会を再生産する使命を負っている。農業や手工業が産業の中心だった時代の家族は，それ自体が最重要の経済単位であり，生産機能をも有していた。しかし，産業が高次化するのに伴い，生産機能は企業などに転移して，家族の役割は前述した次世代の創出や，成員の生活リスクを，内部で処理するという機能に集約されていくことになる。家族の個人的機能としては，愛情の相互付与により精神的に依拠すべき場所としての期待が最も大きなものとなる。

しかし現代では，保育（子育て），福祉（病人や高齢者の世話），家事といった機能の一部，または大部分が外部化される傾向がある。成員の個人化も進み，食事をばらばらにとる「孤食」現象が指摘されるほどになった。家族への虐待や排除など，精神的な居場所としての機能も危機にさらされている。

また，価値意識については，家族の在り方が相対化され，家族形成の契機，家族の様態，家族とは何かという意識までもが，個々人の選択によって決められる傾向が広まっている。そのため，夫婦や親子関係の在り方，親の老後を子どもが介護すべきか，など家族に対する考え方が多様化している。

3 戦後，日本の家族はどのように変遷してきたか

　戦後の復興期から高度経済成長期は，現代日本家族の基盤が形成された時期であった。子どもの教育が重視され，「両親と子ども二人」という家族構成は「標準家族」としての地位を得た。「夫は仕事，妻は家事・子育てを行って豊かな家族生活を目指す」というモデルである。戦後の日本家族を「見方・超え方」の視点から研究した落合(2004)は，こうした家族を「家族の戦後体制」という言葉で言い表した。また，グローバル化や経済の動向から戦後家族モデルの形成と解体を論じた山田(2005)は，「戦後形成された家族の標準モデルの目標は，『豊かさを目指す家族』である。この『目指す』という言葉の中に，成長性と生きがいの双方の意味を込めている」と指摘している。

○「戦後家族モデル」の形成期（戦後復興期）1945～55年

　終戦直後の日本は，新しい憲法や民法などによって民主化を推し進め，サンフランシスコ講和条約のもと，西側の一員として再出発を果たした。そして，「焼け野原」からの一日も早い復興と，「成長性」と「生きがい」にもとづく豊かな家族生活を目指し，その動きは経済成長率と連動していた。1946年から1948年には戦後ベビーブームを経験し，年間出生数が270万人に及ぶ年もあった。

○「戦後家族モデル」の安定期（高度経済成長期）1955～75年

　戦後10年，日本は国際社会への復帰を果たすとともに，高度経済成長期を迎えた。世界第二位の経済大国となり日本企業の特徴である終身雇用，年功序列賃金，企業別組合が一般化し，家族収入の安定化がもたらされた。性別分業が進み，生活保護率も低下し，「家族のため」或いは「子どものため」といった社会風潮が家族を覆っていた。高校・大学進学率（受験競争の激化）も高まり労働力の水準も向上した。

○「戦後家族モデル」の修正期（低成長とバブル崩壊）1975～98年

　この時期，日本の家族を取り巻く環境は，オイルショック(1973)に端を発

し，戦後初のマイナス成長(1974)を経験することになった。バブルの崩壊(1990〜1993)とともに世界経済全体が低成長期を迎え，男性の収入の伸びも鈍化した。国民の間に「一億総中流」の意識が芽生える一方，①「妻のパート労働者化」②「結婚生活に入る時期の引き伸ばし」③「恋愛と結婚生活の分離」など「戦後家族モデル」の修正を迫られ，家族の多様化が顕在化した。

○「戦後家族モデル」解体期(構造改革期)1998年〜現在

　1990年代後半に入り，IT化の進展やグローバリゼーションの浸透による社会経済システムの構造的変化が一層進んだ。世界的な低成長が続き，通貨金融危機の中，日本でも失業率や倒産件数も高くなり，1998年にはこの年だけで自殺者が1万人も増加し延べ3万人にも及んだ。失業率の増加や将来の収入見通しの不安は，日々の生活基盤に「リスク化」と「二極化」を生み，「子どもへの虐待」「ネグレクト」「離婚率の増加」「未婚化」「少子化」などの現象が社会問題化した。私たちは，こうした一連の動きから「戦後家族モデル」の解体を把握することができる(この年の動きを「1998年問題」という)。

　1990年代以降は，「失われた20年」と呼ばれる。収入の不安定化や企業のリストラも進み，2004年，合計特殊出生率は「1.29」まで下がった。出生率は生活水準の期待値と収入見通しの関数であり，社会の基本を揺るがすこととなった。こうした社会の構造的変化を，山田(2005)は希望を持つこと自体に格差があるとして「希望格差社会」と言い表した。

4 「戦後家族モデル」が解体された理由

　このような日本家族の変容をどのように捉えたらよいのだろうか。IT社会とグローバリズムの進展を背景に，注目すべき要因として，「ニュー・エコノミー」と「個人化」(私事化)を挙げることができる。「ニュー・エコノミー」は，2001年，クリントン政権の労働長官であったロバート・ライシュによって提唱されたものである。従来の「オールド・エコノミー」(大量生産，大量消費)に対して，IT化とグローバル化によって，近年の「社会－経済構造」が

大きく変化し,とりわけ雇用の「二極化」をもたらすことを強調している。日本での「二極化」は,企業の中核的・専門的社員と使い捨てを前提とした契約社員・派遣労働者に分化され,労働及び雇用の変貌として現われた。この雇用の不安定さは家族にも及び,収入に対する将来の見通しが立たなくなり,家族の経済基盤の不安定化をもたらした。

　一方で,「個人化」は,社会が近代化する過程で共同体の束縛から人々が解き放たれ,個人が自立していく動向の一つである。ここでは,「個人化」を「個人の主体性や自立性を確立していく過程」とし,「私事化」をその一つの局面として「人々の関心の比重が公的なものから私的なものへと移っていく変化」と定義する。具体的には,新しいイデオロギー(「自己実現」などと呼ばれ「自分らしさ」を求める動き),多様な消費スタイルと結びつく豊かな自分らしさ,自分の好きなものを選ぶ(選り好みの)風潮などである。こうした動きは家族内部にも浸透し,家族の凝集性を弱め,「家族の個人化」の動きをもたらした。

5　多様化する現代家族

　日本の家族は,社会構造の変化を背景に,「多様化」「相対化」「開放化」が進んでいる。シングルマザー,事実婚や同性婚,家族と離れて暮らすコレクティブハウス(血縁でない人々の協働や相互扶助を通して形成されるコミュニティの空間)などはその表れである。こうした家族の多様化は,家族変動の一つの側面であり,また,同時に「個人化」が進展する中で家族の役割を等閑視する兆候も一部見られることから,家族の脆弱性あるいは流動性としても捉えられる。

　本稿では,家族の様態と形態を「歴史的な流れ」や「社会構造の変化」の中で,考察してきた。その現実は,さまざまな課題をはらみつつも歩み続ける姿であった。この視点は,未来の家族を描く際にも応用されるべきである。というのは,家族は,今日まで累々と営み続け,これからもその連続性の中で,

未来社会に生き続けるからである。

　戦後、日本の家族は何が変わり、何が変わらなかったのか。「多様化」「相対化」「開放化」は、私たちの家族生活にどのような影響を与えるのだろうか。今日の家族の課題や変化は、私たち自身が新しい家族像を生み出す端緒となるに違いない。このような近代家族の理念にとらわれない新たな家族を「現代家族」、または「ポストモダン家族」と呼びうるだろう。

　最後に、多様化する家族を「教育」という視点から見ていこう。子どもは、社会の最小単位である家族で生まれ育ち、やがてそれと並行して学校で学び、地域に育まれながら成長する。本稿でみたように、社会との最初の出会いである家族が変容してきていることは、子どもの教育における家族・学校・地域社会それぞれの役割や範囲の変化をもたらすと考えられる。生まれる家を子ども自身が選べない以上、家族の在り方が多様化すればするほど、学校教育によって調整されるべき部分が大きくなることは否めない。しかし、その子どもたちもやがて親となり家庭をもつ存在になっていくことを考えれば、学校や地域社会とのかかわりの中で家族の教育的機能を再生、再発見、再構築していく取り組みが求められるといえるのではないだろうか。

＜参考文献等＞
　大村英昭・野口裕二編（2000）『臨床社会学のすすめ』有斐閣アルマ
　落合恵美子著（2004）『21世紀家族へ』ゆうひかく選書
　神原文子・杉井潤子・竹田美知編著（2009）『よくわかる現代家族』ミネルヴァ書房
　山田昌弘著（2005）『迷走する家族』有斐閣

③ 持続可能な消費と生産

1　大量生産・消費社会の象徴—デトロイトの盛衰—

　2013年7月18日，アメリカ・ミシガン州南東部にあるデトロイト市が，連邦破産法第9条を申請し破綻した。負債総額は180億ドル（約1兆8000億円）で，米国の自治体の破綻としては過去最大規模となった。デトロイト市は，1920年代からフォードやGM（ゼネラルモーターズ，以下GM）など主要な自動車メーカの本拠地として発展し，人口は1950年のピーク時に180万人を超えていた。しかし，1980年代以降，二度の石油危機を契機として低燃費技術を導入した日本車に遅れをとって，自動車産業が衰退したことにより人口も減少し，2008年のリーマンショックによりGMが経営破綻した時には，70万人近くにまで減少した。その後，実質的に政府の国有化のもとで経営再建をはかり復活したが，工場の海外移転などにより人口流出が続いて市の税収は減少し続けた結果，財政はさらに悪化し，今回の破綻を招いた。

　フォードの創立者ヘンリー＝フォード（1863～1947）は，ヨーロッパではごく一部の貴族や金持ちの贅沢品であった自動車の生産を，「T型フォード」の一車種のみに限定し，ベルトコンベア方式の流れ作業とすることにより，1台生産するための時間を14時間から1時間半へと減少させ，コストを大幅に削減させることに成功した。そのため発売当初の価格は1台850ドルだったが，最終的には300ドルを切るまでの低価格を実現させ，アメリカに自動車文化（モータリゼーション）をもたらした。その発祥の地がミシガン州デトロイトであった。

　1929年に起きた世界恐慌の原因は，生産と消費の大幅な乖離という資本主義経済システムの矛盾にあった。そこで，フォードのライバルGMは定期的にモデルチェンジを行って新たな需要を創出することによって，大量生

産に見合う大量消費を可能にさせた。アメリカは第二次世界大戦後も，未曾有の物質的繁栄を実現したが，その要因として，消費者ではなく生産者が主導となって販売意欲を創出させるというGMの販売戦略があり，20世紀・大量消費社会のビジネスモデルとなった。

2　持続可能な消費と生産とは

　1972年3月，世界的な民間のシンクタンク「ローマクラブ」による『成長の限界』が出版され，人口増加や環境破壊が続けば，地球の資源は枯渇して人間の成長は限界に達するとの警鐘を鳴らした。そこで，この破局を回避するためには，従来の資源浪費型の経済システムや富の不均衡を見直さなければならないと論じたので世界的に大きな反響を与えた。また1972年6月，スウェーデンの首都ストックホルムでは，環境問題についての世界で初めての大規模な政府間会合である，国連人間環境会議が開催され，「かけがえのない地球（Only One Earth）」をスローガンに世界113か国が参加した。この会議では，「人間環境宣言」及び「環境国際行動計画」が採択された。

　その翌年，1973年10月には，第四次中東戦争が勃発し，産油国側はイスラエルを支持しているアメリカなどの国への石油禁輸を決定したので，原油の公示価格は一挙に4倍となり，アメリカや日本などの先進諸国は大きな経済的打撃を受けた。さらに，イラン革命に端を発した1979年の第二次石油危機によって，資源浪費型の代名詞であったアメリカ車を生産していたフォードやGM，クライスラーなどビックスリーと呼ばれるアメリカ自動車会社が凋落する契機となった。一部の先進国が資源やエネルギーを浪費して商品を大量生産し，それを大量消費することによって大量の廃棄物を生み出して環境汚染を引き起こす社会経済システムが，「持続不可能」であることが明らかになったのである。

　そこで「持続可能な発展」という概念が1980年代に登場した。当時，経済開発を阻害する，先進国主導による環境保護論は途上国にとっては受け入れ

難く,南北対立が顕在化した頃であった。日本の提唱で設置された国連の「環境と開発に関する世界委員会」(通称ブルントラント委員会)は,1987 年の報告書「われら共有の未来」のなかで,「持続可能な発展」について「将来世代のニーズを損なうことなく現在の世代のニーズを満たすこと」と定義し,途上国における「経済開発」という基本的欲求を満たすと同時に環境容量に対する「現在の世代」と「将来の世代」の公平性をはかるとした。

1992 年にブラジル・リオデジャネイロで開催された国連環境開発会議(地球サミット)では,21 世紀への課題(Agenda)を意味する『アジェンダ 21』が採択された。同第 4 章「消費形態の変更」では,「環境へのストレスを軽減し,人類の基本的ニーズを満たすような消費と生産形態を促進すること」を目標に,「環境の質の保全と持続可能な開発を同時に達成するために,資源利用の最適化と廃棄物の最小化を促進する必要性があり,そのためには生産の効率化と消費形態の変化が求められる」として,「生産と消費の持続不可能な形態に焦点を当てること」を目指して,「持続可能な消費」(Sustainable Consumption)概念が提起されている。なお,国連による「持続可能な消費」の定義は以下のようである。

> 「持続可能な消費とは,将来世代のニーズを損なわないために,ライフサイクル全般を通じて天然資源の利用および有害物質や廃棄物・汚染物質の排出を最小限に抑える一方で,基本的なニーズを満たし生活の質を向上させるようなモノやサービスを使用すること」(国連開発計画,1998 年)

これは,生産者の「持続可能な生産」だけではなく,消費者の商品の選択など「持続可能な消費」とならなければ,「持続可能な発展」は実現できないと指摘したことに特徴があった。

3　ESD と消費者市民社会

リオデジャネイロで開催された国連環境開発会議の 10 年後の 2002 年,日

本のNGOによる提案を受けて，日本政府が第57回国連総会に決議案を提出して採択されたものが「持続発展教育」(Education for Sustainable Development：ESD)である。その内容は，2005年から2014年までに各国政府，国際機関，NGO，企業等のあらゆる主体間での連携を図りながら，教育・啓蒙活動を推進するというもので，ESDの柱は「環境教育」のみならず，「開発教育」や「人権・平和教育」などから成り立ち，「共生と公正を基本とした循環型の社会づくり」を目的とした教育活動である。なお，ESDの中間年にあたる2009年に，ドイツのボンでESDユネスコ世界会議が開催され，「持続可能な消費」に向けた教育こそがESDの主要なテーマであり，責任ある行動をとれる市民と消費者を育成するために欠かせないものであるとした。また，その会議で採択されたボン宣言ではESDについて，「経済的社会的正義に基づいたライフスタイル，食品の安全性，生態系統合，持続可能な生活，全ての命への敬意，社会統合と民主主義そして集団行動を育成する価値観，がその教育内容である」と具体的に述べている。

　また，生産者中心社会から消費者中心社会への転換という観点において，「消費者市民社会」という概念が注目されている。「消費者市民社会」の先進諸国ともいうべき北欧諸国の呼びかけによって結成されたCCN(Consumer Citizenship Network)のガイドラインによれば，「消費者市民社会」について，「個人が消費者・生活者としての役割において，社会問題，多様性，世界情勢，将来世代の状況などを考慮することによって，社会の発展と改善に積極的に参加する社会」と定義している。さらに「消費者市民社会」の到来によって，消費者の意見が消費者の主体的・能動的な活動を通じて社会や経済に反映されることになり，地球環境や南北格差の問題など，グローバルな問題の解決にも大きな役割を果たしていくことができるとしている。

　そして，地球規模の視点から「自分の購入や行動の結果」を振り返りながら，あるべき消費と生産について考察できるようになることは，ESDの目標を達成するうえでも極めて重要な教育活動である。特にこれまでの日本の学校

現場における消費者教育は，消費者被害や対策についての知識を与えるだけのものとなる傾向にあり，社会には様々なトラブルが待ち受けているというネガティブな情報を与える教育という側面があった。しかし，「消費者市民社会」の登場は，能動的な消費者が社会に参加して社会を変えていけるのだという，ポジティブなメッセージを発信すべきだとの発想から登場したものであり，加害者を産み出しにくくすることや消費者被害を防ぐ社会を構築するといった意味で，消費者の倫理的側面の涵養が不可欠になってくるのである。

4　消費者市民社会における消費者としての様々な役割

前述したCCNによれば，消費者市民について「倫理，社会，経済，環境面を考慮して選択を行う個人である。消費者市民は家族，国家，地球規模で思いやりと責任を持った行動を通じて，公正で持続可能な発展の維持に貢献する。」と定義しているが，倫理という語句を一番最初に挙げていることに注目すべきである。

倫理的消費者（Ethical Consumer）とは，どのような消費者を意味するのであろうか。例えば，環境に配慮した消費行動をとるために燃料効率が良いハイブリッドの自動車を購入する，もしくは可能な限り環境に負荷を与えない洗剤を購入するなどの行為を意味する。また，主に途上国で生産されているコーヒーやバナナなどの生産者は大企業に搾取されているので，NGOなどが関わることによって，公正な価格で先進国の消費者に販売してその収益を生産者に反映させることである。つまり，一般的には価格が高いフェアトレード商品を率先して購入することは寄付行為に近い活動であるが，貧困撲滅や環境対策を視野に入れた消費という意味で倫理的消費に該当する。あるいは，児童が労働を強制されて生産された商品を倫理的ではないと捉え，そのような商品を購入しない行動をとることも倫理的消費者といえよう。

また，株主としての権利を行使して，企業に対してCSR（企業の社会的責

任：Corporate Social Responsibility）に配慮した経営を求めるSRI（社会的責任投資：Socially Responsible Investment）も注目されており，特に東日本大震災で大きな被害を受けた被災地への投資を通じて支援する，「復興支援投資」などがある。

　一方，昨今は社会的企業（ソーシャル・ビジネス）も注目されている。それは，ビジネスの目的が利益の最大化ではなく，人々や社会を脅かす貧困，教育，健康，技術，環境といった問題を解決するという考え方である。世界的な社会起業家として良く知られている人物として，2006年にノーベル平和賞を受賞したグラミン銀行の創設者であり経営者でもあるムハマド・ユヌス氏が挙げられる。彼は，アメリカ留学を経て，母校の大学で教授として勤めていたが，母国バングラデシュを襲った大飢饉を契機に貧困層を対象とした少額無担保融資（マイクロ・クレジット）事業を開始した。特に，人口の半分を占めている女性へ，金融ビジネスを通じて社会参加の機会を提供して，貧困からの脱却を目指したことに注目された。フランスの大手食品会社ダノンとの合弁で，貧困層向けの安価なヨーグルトの製造販売業を立ち上げることにより，バングラデシュの子どもの栄養補給を助けると同時に，現地に生産拠点を置くことで，女性の雇用を拡大させた。このような企業の社会貢献活動を支援することも，消費者市民社会における消費者の役割といえよう。

＜参考文献等＞
「デトロイト市が破産申請　米自治体で最大の財政破綻」朝日新聞朝刊，2013年7月19日
アレックス・ニコルズ，シャーロット・オパル編著　北澤肯訳（2009）『フェアトレード　倫理的な消費が経済を変える』岩波書店
大杉卓三，アシル・アハメッド（2012）『グラミンのソーシャル・ビジネス』集広舎

④ 多文化化する社会

1　世界の多文化化と文化の画一化・一元化

(1)多文化化する世界

　世界の多文化化の流れの一つに人口移動が挙げられる。現在多くの国で人口移動が起きているが，例えば，島国であり人口規模や政治制度などの類似性から，よく日本と比較の対象にされるイギリスも例外ではない。イギリスでは，EU の東方拡大により多くの新 EU 市民が流入しているが，中でもポーランド人やルーマニア人の入国が多く，右翼の英国国民党を中心に反対運動が起きている(佐久間　2008)。入国してきた移民は，祖国の言語や文化，宗教への配慮を求めるようになり多文化化が進行する。さらにイギリスへの入国者の多いポーランドでは，その周辺国より多くのウクライナ人やベラルーシ人，ロシア人，中国人，ベトナム人等が入国しており人口移動の玉突き現象が起きている。フランスやドイツは急激な人口移動の影響を避けるために，EU の新規加盟国からの移民に準備期間の制限を設けているが，規制撤廃も時間の問題であるとされる。

(2)文化の画一化・一元化

　現代は多文化化が進むとともに，文化が画一化や一元化する時代でもある。19世紀以降，特に20世紀になると近代化の名のもとに，西欧化として画一化・一元化しようとする動きが強まったといえる。ヨーロッパで発達した近代的な政治システム，経済システム，あるいは科学技術は，非西欧世界であるアジア・ラテンアメリカ・アフリカにまで広がった。それはやがて，西欧的な基準で世界を統一しようとする動きとなり，様々な価値観やシステムの対立は，二度にわたる世界大戦を産む温床ともなった。第二次世界大戦後は，世界の主要国は価値の統一とシステムの共有を目指して，国連のような政治シ

ステムや共通の金融システム，世界市場を様々な形で構築してきた。1990年代に東西のイデオロギー対立が解消すると，民族や国家の独立が相次ぎ，時を同じくして情報技術の進展からグローバル化の流れが加速されるようになった。ウォーラーステインは『世界システム論』の中で，世界を「中心部分・半周縁部分・周縁部分」という3つの構成要素に分けて論じているが，現代は西欧とさらにはその拡大としてのアメリカを中心としたシステムで，世界を統合しようとする動きが強く現れるようになった。それはハリウッド的なポピュラー・カルチャー，ファッションやファストフード等の料理，知識・学問，軍事や政治思想といったものまで含まれる。多様な文化が存在する中で，中心の文化が半周縁や周縁の文化をラショナル・トラスト（合理的選択）するような文化の画一化や一元化という問題も起きている。

2　日本の多文化化の状況

(1) オールドカマーとニューカマー

オールドカマーは第二次世界大戦を契機に日本に来たり，強制的に連れて来られたりして朝鮮半島や台湾から移住してきた人々である。「特別永住者」として扱われ，約半数が大阪圏に住居を構えている。これに対し，1980年代以降に日本に定住するようになった外国人を，「ニューカマー」と呼んでいる。

日本の定住外国人増加時期は，1970年代までは，終戦前から日本の在留している在日韓国・朝鮮人及びその子孫（オールドカマー）である。

次に，1980代のインドシナ難民や中国帰国者の受け入れ，及び，「留学生受け入れ10万人計画」で入国した留学生（ニューカマー）である。1980年代以降は，ニューカマーの定住化，国際結婚，日本国籍の取得が増加した。そして，1990年の「出入国管理及び難民認定法」（入管法）改訂に伴い，それ以降に増加した，日系南米人とその配偶者（ニューカマー）である。堀家（2010）によれば，2008年末にはニューカマーが定住外国人の60％を占めており，

オールドカマーは残りの40%近くを占めている。また，留学生の数は2008年で12万3829人となり，新たな計画として，中央教育審議会で「留学生30万人計画」が提案された（文科省2008）。国土交通省の分析によると，今後日本は少子高齢化が進み，2050年までに人口が3300万人も減少することが予想されている。そのため，安定した労働力の確保の観点から，定住外国人の割合は増え続けるであろう。このような定住外国人の増加は，多文化共生というグローバルな課題を日本にも直面させることになるのである。

(2) 定住外国人受け入れの政策的課題

法務省の「多文化共生の推進に関する研究会」は，現行の国の各種制度は外国人の受け入れに十分に対応していない為，住民受け入れのサービスの直接の提供主体である地方自治体は，様々な問題を抱えていると指摘している。具体的には，現在は製造業が主体の地域に定住外国人が多く住むが，今後は日本の人口減少と経済のグローバル化の伸展に伴い，全国の地方自治体が定住外国人の課題に直面する事が予想されていること，また言語の未習得による問題，日本の社会システムが外国人に十分対応していないためにおこる問題（例えば健康保険未加入のため医療が十分に受けられない問題等），そして，地域社会での交流不足による軋轢，在日韓国・朝鮮人における高齢者福祉や介護等社会福祉の問題，教育問題，差別問題，アイデンティティ問題等を挙げている。

(3) 定住外国人の文化，生活，教育面での適応問題

オールドカマーは，日本語や日本文化を習得しており，すでに日本社会に適応していると一面的には見られる。しかし，過去に同化を強制されてきたことによりアイデンティティの確立に困難さを抱えている。堀家（2010）は，オールドカマーが教育達成や社会的成功を収めるグループと，社会的底辺に位置し続けるグループに二極化している実態に着目し，アイデンティティを自由に選択できることが解放をもたらす反面，不安も与えていると指摘している。すなわち帰化者（日本の国籍を取得）や，ダブル（両親の国籍が異なる）

の戸籍の混乱，在日のコミュニティに埋没しすぎることの問題や，反対に日本人コミュニティの中で孤立することへの不安などである。

　ニューカマーはオールドカマーの抱える問題に加え，日本語の習得や日本社会への適応も必要とされ，物理的にも精神的にも負担は大きいと考えられる。特に教育面では，公立学校において「日本語指導」と「適応指導」が行われる一方，外国人を特別扱いしないことが前提となっている。この問題点として清水（2006）は，「ニューカマーの子供の学校適応は，日本人と似た生活を送っていることのみが基準とされているのであり，学校での学習内容がわかっているかどうかは基準とされていない」と指摘している。例えば言語には，「社会生活言語」と「学習思考言語」の違いが指摘されるが，「社会生活言語」はおもに1〜2年で習得されるものの，「学習思考言語」はより多くの時間と労力を必要とする。しかし，「社会生活言語」が話せるようになると，前述のように日本人と似た生活ができるようになるが，学習にはついて行けない状況が起こる。そして，外国人の低位の学業成績は個人の努力の問題として処理されることになる。文部科学省の2005年調査によると，日本の高校進学率は97％台であるが，定住外国人の進学率は推計50％未満とされている。低位な学業成績や進学率がその後の職業選択でも悪影響を及ぼし，定住外国人の社会不適応を招いている（清水　2006）。

(4) 定住外国人受け入れの実態〜愛知県を事例に〜

　愛知県は東京，大阪についで3番目に外国人登録者が多い地域である（2010現在）。そして2008年には「あいち多文化共生推進プラン」を策定し，「外国人県民の増加と定住化が進むなかで，誰にとっても暮らしやすい多文化共生の町づくり」を目指している。具体的目標としては，「多文化共生の意識づくり」「誰もが参加できる地域づくり」「外国人県民も暮らしやすい地域づくり」の3つを立てている。これは外国人の自立をうながすとともに，ホスト側に要点をおいた異文化理解の向上と共生社会を理解し合うためのものである。

　住民感情の実態としては，外国人に対する県民意識調査によると「治安が

悪化する可能性があり，望ましくない」など否定的な声(47.3%)が，「外国の言葉・文化・習慣を知る機会が増えるので，望ましい」などの肯定的な回答(29.4%)を上回っている。しかし，各種のデータによると，外国人労働者の数と犯罪検挙数の間に必ずしも相関関係があるとは言えない。

次にトラブルの原因は，「双方の習慣の違い」，「外国人が日本の習慣や決まりを理解していない」，「コミュニケーション不足」が主な要因として挙げられている。なお，豊田市の職員労働組合の報告によると，具体的なトラブルの事例として，誤ったゴミの出し方や騒音，違法駐車などが報告されている。愛知県豊田市ではこれらの現状に対して，中・長期的視野で「豊田市多文化共生推進協議会・特別支援センター」などが活動に取り組んでいる。県民意識では外国人との共生で，「自分が関わりたい事(複数回答)」については「なるべく関わりたくない」が最も高い比率である一方で，「自分から積極的に話しかけたい」，「外国語を覚えてコミュニケーションの手伝いをしたい」，「交流の機会を企画したい」，「ボランティアとして自分にできる事をしたい」といった意見も挙げられている(稲垣　2011)。

3　日本の多文化化をとらえる視座

上述してきたように，日本のグローバル化における定住外国人の受け入れ政策は「どれだけ受け入れられるか」という数の問題だけではなく，「どう受け入れるか」が同時に重要な課題となる。

異なる民族の共存を，積極的に図っていこうとする思想，運動，政策を多文化主義という。世界で最初に多文化主義政策を打ち出したのは，1970年初頭のカナダである。その後，オーストラリア，アメリカなどの国が次々と多文化主義政策を採択した。多文化主義では，「誰が」差異を承認し，制度化するのかという問題があるものの，取り入れた国では現状改善のための有効な理念として，一定の成果を挙げてきた。こうした国の多文化主義の経験から日本が学ぶところは多い。

日本では，1980年代頃より多文化共生という考え方が主張されている。総務省は多文化共生を，「国籍や民族などの異なる人々が，互いの文化的違いを認めあい，対等な関係を築こうとしながら，地域社会の構成員として共に生きてゆくこと」(『多文化共生の推進に関する研究会報告書』2008年)と定義している。また，同省は多文化共生のための施策として，1. コミュニケーション支援，2. 生活支援，3. 多文化共生の地域づくり，4. 推進体制の整備，を柱とする「多文化共生推進プログラム」(2006年)を策定している。

 こうした多文化共生への要請は，実は外国人への対応に限った問題ではなくなっている。現代は，人々の生活様式や考え方，価値観などが多様化してきており，社会のあり方そのものについて，多様性に対応した社会へと変革する必要を生じているのである。日常の様々な場面で，考え方や価値観の違う人々が，互いの違いを踏まえつつ対等な立場で交渉し，共通の課題を見出し，その達成に向けて協力するような取り組みが求められているのである。

＜参考・引用文献等＞
青木保編(2003)『多文化世界』岩波書店
佐久間孝正(2010)「人の移動に見る日本のグローバリゼーションの特徴と多文化教育の可能性」立教大学社会学部 『応用社会学研究』第52号
佐久間孝正(2008)「国際人口移動と教育－ニューカマーとの関連で－」 日本教育社会学学会『教育社会学研究』第82集 p125
法務省(2006)「多文化共生の推進に関する研究会報告書～地域における多文化共生の推進に向けて～」http://www.soumu.go.jp/main_sosiki/kenkyu/tabunka_kenkyu/
堀家由妃代(2010)「わが国における多文化教育の現状と課題～現代日本の"教育マイノリティ"～」『佛教大学教育学部学会紀要』第9号
Harumi BEFU(2005)「日本における文化的多様性－その過去・現在・未来－」『関西学院大学社会学部紀要』第99号
愛知県(2008)「愛知県の国際化に関する県民意識調査」
文部科学省(2008)『「留学生30万人計画」骨子の策定について』
足立潔重(2010)「豊田市における日系外国人労働者の現状」 自治労愛知県本部 愛知自治研レポート
清水睦美(2006)「ニューカマーの子どもの青年期－日本の学校と職場における困難さのいくつか－」日本教育学会『教育学研究』第73巻 第4号 p459
稲垣亮子(2011)「多文化が共存する社会の進行－ホスト社会におけるこころの対応への検討－」名古屋市立大学大学院人間文化研究科『人間文化研究』第16号 pp110-111

⑤ 里山的な生態系と現代社会

　カリキュラム学の用語に，教科横断型カリキュラムがある。社会科も扱う内容が多岐にわたる。地理，歴史，公民をクロスオーバーしようとすれば，いきおい，地元学（地域学）の様相を呈する。郷土の自然と人々の暮らしは，一つの教科で包括することはできない。

　地元学または郷土学の一つの試みとして，「里山」という視点が可能ではないか。「里山」とは，森林の生態系を軸とし，森林，河川，農地に派生する生業が相互依存的に成り立っている小規模集落をいう。

　筆者が見聞したかぎりでは，静岡県の藤枝市北部の志田地区は，里山のイメージを残している。雑木林的な森林では，昭和20年代には炭焼きも行われていたそうだ。地元を流れる瀬戸川は，水田に水を供給するだけでなく，広い河川敷が昆虫の孵化場所になっている。河川敷で採取される石の中には珍しい物が多く，かつては全国からコレクターが訪れていたそうである。

1　里山という地域社会

　現代の環境学の確立者の一人として，アメリカの環境行政官アルド・レオポルドを挙げることができよう。その著『サンド郡の暦』(A Sand County Almanac, 1949年)は，中西部ウィスコンシン州の生態系を里山的に観察して，四季折々の動植物の相互関係を綿密に記録した，環境学のバイブルともいわれる著作である。筆者は，かつて，レオポルドの膨大な数の論文を逐一検討したことがある。わかったことの一つが，森林と河川を中心とする生態系においては，流域の酪農業，漁業，余暇産業，治水行政，電力会社などの間での利害の相克が，非常に錯綜しているということだった。例えば，堤防決壊の主たる原因は，河川の底に堆積した土砂の増加である。上流にダムがあると，河川の水量が減るので土砂が堆積しやすい。流域の住民にとっては，

土砂が堆積しないことが望ましい。また、余暇産業に従事する人たちにとっては、河川の水量が一定に保たれないと、カヌーでの川下りをすることができない。水質が減ることは、水質の悪化を招くことがあるが、水質が悪化すると、淡水魚も減ってしまう。レオポルドが1933年に発表した、有名な論文「保全の倫理」においては、次のように河川と河川敷の用途について分析がなされている。

> (1) ウィスコンシン州は、1930年代に、フラムボー川の両側を中心に広大な州立林をつくり始めた。カヌーを中心とする余暇産業を育成することが目的であった。
> (2) 地域の土壌は、コルク松の成育に適しているだけでなく、酪農にも適していた。川の保全を求める人たちは、淡水魚が増加すれば釣客が増えると読んだ。
> (3) しかし、流域の酪農家は、バターファットの生産が軌道に乗るにつれて、牛舎用の安価な電力を求めるようになった。すなわち、上流に水力発電ダムを建設する計画に賛成した。

この論文で指摘された点は、現代でも大筋において適用できよう。とくに、酪農業にとっての利益と余暇産業にとっての利益、さらには、洪水の危険にさらされたくない住民の願いは必ずしも調和するわけではない。

レオポルドが指摘した点を敷衍するならば、現代においては、二つの大きな問題を把握しなければならない。一つは、森林から流れ出る土砂が河川に大量に堆積した場合、大雨のときには土石流として堤防を突き破り、流域に洪水被害をもたらすということである。もう一つは、河川の水が汚濁した状態で都市の浄水場に蓄えられると、浄水コストがかさむ、すなわち水道料金が高騰するという問題である。このように考えると、森林と河川のあり方は、まさに現代社会の基本問題とかかわってくる。

2　里山の機能と人々の生活

アメリカの教育学者ジョン・デューイ（John Dewey）が青年時代を過ごし

た東部ヴァーモント州バーリントン市は，なだらかな坂道が森林部とシャンプレン湖を結ぶ，一種の里山である。それほど大きな町ではないが，それでも，町を歩くと，現在でも木工家具，製材業，運搬業，道具の修理業，鍛冶屋，金工職人，船舶燃料，宿泊業，レストランなどが混然とする様子が旅行者の眼にも明らかだ。同じくアメリカ東部の都市，ボストンの隣町ブルックライン市の近郊には，数軒ではあるが農家がある。日本でよく行われている地産地消を実践している。「地域に支えられた農業」(Community-Supported Agriculture)が，日本で始まったことはアメリカでも知られていた。

里山的な生態系をかろうじて残すこの町のあり方は，都会に住む人たちに大事な忘れものに気付かせてくれるかもしれない。この市も，かつては小川の周辺に発達した。現在の農家は，その当時の名残なのであろうか。近くに森林があり，清らかな小川が流れているだけでは農業はできない。里山が必要なのである。山の腐葉土で昆虫が育つ。ミツバチなどにより，農作物の授粉が行われる。

3 「在来種・外来種」問題の出現

ミツバチが農業を支えている。農業は健全な土壌にも支えられている。では，健全な土壌とは何か？ 土壌の健全度を示す指標の一つが「保水能力」(water holding capacity)である。高い保水能力を可能にするためには，根の深い植物が繁茂していなくてはならない。それぞれの国には，その土壌特性にふさわしい植物が繁茂してきた。氷河期に表土の多くを削り取られたヨーロッパの土壌は，肥沃なアメリカの土壌とは異質である。

外来種の植物のなかには，数十年の目立たない存在を経て，急に繁殖し，地域を覆い尽くすタイプの植物がある。これらの植物は，一般的に根が浅いため，覆い尽くされた地域は，土砂災害に弱い。

そのような事実が明らかになるにつれて，根の深い在来種の調査と復元が職業化したのは自然な成り行きだった。アメリカ中西部ウィスコンシン州で

創業された Applied Ecological Services 社は，現在では100人近い常勤社員を擁する企業に成長した。同社の創業者スティヴン・I. アッペルバウム氏は，アメリカだけでなく，世界中の国で，外来種植物問題の解決のために，これから数十年にわたっておびただしい数の雇用を生み出すだろうと予測している。生態系の修復業務が企業として成り立つという事実を，日本の若者にも知ってもらいたい。アッペルバウム氏の会社の現在の主たる業務は，地域のまとまった面積の森林と河川を含む農地（すなわち，きわめて里山的な環境）を地元の数名の農地所有者で管理運営しようというもので，農家は渓流釣りに訪れる人から一種の入漁料を得ることもできるし，民宿も経営できる。このような集落を，Ecological Reserve と称する。アッペルバウム氏の経営者としての才覚を物語るのは，里山的な環境が本来的に持つ，水の浄化機能に着目したことだ。すなわち，河川下流の都市水道局から，里山の水質維持機能と浄化機能に何がしかの対価を要求するという発想である。

対価を求めるかどうかは別にして，日本でも，河川の持つ水質維持浄化機能が注目されている地域がいたる所に存在する。千葉県鴨川市の棚田で生産される米は，名品として知られる。栃木県宇都宮市郊外の河内町には，近くを流れる鬼怒川の支流である，江戸時代の流路が当時のまま保存されており，驚くほど清冽な水が水田に供給されている。ここで生産される「河内米」は，都内のスーパーマーケットでは，ブランド米として流通している。

前述のアッペルバウム氏が，在来種の復元を企業活動化した背景には，在来種の植物の根の深さが土壌を保持できる，という読みがあったのであろう。良い土壌は雨水を溜め，ろ過する機能をもつ。根の浅い植物が繁茂する地域では，雨水が，まるでコンクリートの上を滑るように横に流れてしまう。

この現象が現代の水害の根底にある。

4　兵庫県加古川の取り組み

兵庫県の加古川源流の丹波地域は，古代から農業技術が栄えたことで知ら

れる。農業技術史の蓄積があるからであろうか，この地域には，現在でも，里山に派生する様々な農業技術生活習慣の片鱗を見ることができる。「加古川源流の里エコルネッサンス事業」と題された資料を整理すると，次のような，伝統的な農業技術とそこから派生する職業の復元が計画されている。

里山系	森林系	河川系
桑の栽培 雑木林の維持 (下流の沿岸漁業の育成)	山のなかの食べ物の収集 (山菜，木の実，果物，きのこ類)	川魚獲り (天然ウナギを含む)
溜め池の維持と管理 (水田への農業用水の供給)	下草 (農作業の肥料になる)	昆虫の成育場所としての河川敷の維持管理
炭焼き職人 かやぶき職人 竹細工職人	剪定職人	川魚獲り

(「加古川源流の里エコルネッサンス事業」より筆者作成)

丹波地域の青垣町神楽地区では，この分類を策定するに際し，地域の年輩の住民に，楽しかった昭和20年代，30年代の生活の様子を聞き取った。同資料には，次のような一文がある。

「1950年頃には，山には自然林や雑木林があり，四季折々の山野草が咲き，季節感のある森が拡がり，川には，瀬や淵，湧水があり，清らかな水が豊かに流れていたという意見が多くみられました。また，人々は，森や川に分け入り，炭焼き，山菜とり，水遊びや魚・虫獲りなど，森や川と関わる暮らしや遊ぶ姿が見られ，自然と人が調和し，共存していたことが伺えます。」(P.14)

このように町全体で里山的な生態系を復元する試みは，全国的には少ないと思われるが，部分的な復元を志向している町がないわけではない。身近な環境のことを私たちはどれだけ知っているだろうか。里山は，いわゆる「生物多様性」が維持されている生態系として理解できよう。本稿で述べてきたように，森林と河川のあり方は，河川の流域の産業と人々の生活に影響を及ぼす，まさに現代社会の動態的事象なのである。

5　現代における里山の可能性

　里山という言葉が頻繁に使われるようになったのは，近年のことである。高度経済成長期以降の都市開発などで，「子どもの頃から親しんだあの野山」が消失したり，荒廃したりするようになったことが背景にある。里山は古里の原風景であり，環境保全の重要性とともに過去への郷愁を呼び起こすものであった。最近では，自然としての里山の復活だけではなく，里山とともに生活するような生き方 ── 身近な自然とともに人間の顔をもった技術によって，身の丈に合った生活をおくる ── が注目されるようになった。とりわけ2011年3月の震災は，その後の解決の糸口が見つからない原子力発電事故への対応も含めて，人々の生活のあり方や生き方を捉え直す契機となり，里山への再評価（再々評価といってもよいかもしれない）が始まったのである。その意味では，今日の里山の再評価は郷愁に基づくものではなく，社会のあり方や個人の生き方への問い直しを含むものである。

　科学技術の進歩と商業資本主義を行動原理とする現代社会では，日常において里山と共生するような生活を復活することは容易ではない。しかし，それを生活の一部として取り入れたり，考え方や価値観の基盤においたりすることは可能であろう。現代における人間性回復への試みの一つになるものと考えられるのである。

＜参考文献等＞
Steven I.Apfelbaum(2009), *Nature's Second Chance*, Beacon Press
一般社団法人神楽自治振興会『加古川源流の里エコルネッサンス事業計画書』2011年3月
　上記の事業計画書は，「趣旨」，「進め方」，「地域の現状」，「目指すべき環境イメージ」，「自然再生計画」，「推進方策」の6項目から成る。そのうち「自然再生計画」の具体的な取り組みの例として，棚田，湧水，鎮守の森など，里山が持つ保全機能が説明されている。
Aldo Leopold(1949),『A Sand County Almanac』Oxford University Press
所三男(1980)『近世林業史の研究』p887　吉川弘文館
高橋俊守(2011)シンポジウム報告論文「地域社会に里山を残せるか－多様な主体による参加型の取り組みの構築－」農林統計出版
共生社会システム学会(2011)『共生社会における里山の可能性』共生社会システム学会　p3　農林統計出版

2 環境・生命問題と科学技術の時代を読み解く

　現代は科学が高度化し，応用可能な分野が多彩に広がる一方で，その科学が人類にとっての負の部分を生み出し，かけがえのない地球に甚大な負荷を与えることもある。科学の成果や影響を「よい部分」と「悪い部分」とに分けて前者のみを生かすという発想は，多くの場合には成立しないだろう。科学や技術の現状とその影響について冷静に見極め，選択可能な対応策について検討していくべきであろう。そして，それを引き受ける人間の側のあり方にも深い洞察が求められる。

　地球は人間だけのものではない。まして現代を生きる人たちの専有物でもない。人類の歴史など，そのほんの一部でしかない地球の声に，まずは耳を傾けてみたい。① **地球規模の気候変動と自然環境の保全**では，地形や氷河の調査などから明らかにされる地球の歴史，とくに生物が生息する上できわめて重要な気候の大状況の推移を検討しながら，私たちが取り組むべき課題に言及している。「地球規模」となるとスケールが大きすぎて腰が引けてしまうところがあるが，本稿で述べられているように，現在の地球表面に表れた気候変動の痕跡から，全体像を再現していくという手法を採ることで，具体的なイメージをもとにした考察が可能になる。それはまた，一人ひとりの人間が地球という大きな存在と向き合う際の手がかりを与えてくれる視点にもなるだろう。

　一方，地球環境の変化を，生産・輸送といった経済活動や，私たちの生活の面から捉え直そうという見方も重視されるようになってきている。② **環境とESDの普及**では，学校教育の分野において世界的に取り組まれている「持続可能な開発のための教育（ESD）」に注目した。ここで取り上げたフェアトレード，フードマイレージなどの話題は，食料という身近なテーマに直結するだけに児童・生徒の生活と関連付けやすく，現代を生きる市民としての

感覚をどのように育むかという大きな問題にもつながっていくだろう。

　科学の急速な進歩は，それまで人知の及ばぬ神の領域だとみなされてきた生命，人間の生き死ににかかわる面にも入り込むことになった。生命科学と医療技術の進展が，出生という人間存在の根本にかかわる部分にもたらした変化や，それに伴って人間の価値観や倫理観にどのような変化が現れているかを，③ **進化する生殖医療**では示している。科学・技術により，ある人たちは産めなかったはずの生命を産み出すことができるようになったが，それでも産むことのできない別の人たちに，さらなる重荷を背負わせる状況は，現代社会の抱える特質を端的に示すものでもあろう。

　同様に，④ **高齢社会と老いの諸相**で取り上げられる加齢，老いという問題も，人間にとって普遍的なテーマでありながら，現代ならではの展開を見せ，私たち自身の価値観や態度の変容を問いかけるものである。何ごとも数値化して表現されがちな科学の時代だからこそ，身体の衰えや認知症の発生といった現象を，科学とは別の観点で見つめ，受け止めなくてはならない。

　そうした科学もまた人間の所為である。科学に何ができるのかということとは別に，社会の側がどこまで許容するのか，さらにいえば合意やルールや基準をどのようにしてつくるのかは政治の問題でもある。⑤ **生命科学と政治**では，科学の進展に伴って，従来にはなかった使命を課された政治のプロセスと近年の状況を論じている。私たちは，民主政治を担う主権者であると同時に，科学の受益者であり，被害者にもなりうる当事者である。誕生から死まで，その間の身体や健康のあり方を含めて，自覚的に向き合っていくときではないだろうか。

　現代のサイエンスは高度化すると同時に極端に細分化・専門化され，学ぶ者が相互の行き来をしにくい状況になっている。しかし，本稿で示しているように，一般的には「文系」に属する人文・社会分野の問題意識を通してみると，科学の各領域を越境し相互につなぐ視点も生まれてくるように思われる。

① 地球規模の気候変動と自然環境の保全

1 地球温暖化とその影響

　地球温暖化とは，温室効果ガスの増加に伴って，地球規模で気温が上昇する現象である。現代では産業活動や生活活動の発展に伴い，人為的な原因により，しかも急激に温暖化が進行している。

　IPCC（国連気候変動に関する政府間パネル）によれば，21世紀末の地球の平均気温は，最近の20年間に比べて最大4.8度上昇し，海面の水位は最大81センチメートル上昇する可能性が高いと予測している（2013年発表）。地球温暖化の原因は，石炭，石油などの化石燃料の利用の増加，森林の減少により，大気中の二酸化炭素，メタンなどの温室効果ガスが増加したためである。その結果，地球の気温が急激に上昇し，異常気象，海面水位の上昇，生態系の変化などの影響が表れている。このため温暖化した地球環境と人間生活への影響が心配される。

　地球の温暖化が進行すれば，高山帯にある山岳氷河が融解する恐れがある。氷河は，ヨーロッパアルプスのみならず，グリーンランド，南極をはじめ，ユーラシア大陸のヒマラヤ山脈，北アメリカ大陸のロッキー山脈，南アメリカ大陸のアンデス山脈，アフリカ大陸の高山などに分布する。ヨーロッパアルプス，ヒマラヤ，アフリカなどでは，氷河の後退が進んでいるという。

　氷河の末端が標高の高い方へ退く原因の第一は，小氷期と呼ばれる地球規模で気温が低く寒冷な時期が終わったことによる。小氷期が終わり，気温が徐々に上昇したことが，氷河の後退を招いた。第二は，近年の地球温暖化に伴う気温の上昇である。

　ヒマラヤ山脈では温暖化によって氷河の融氷水が溜まり，氷河湖が形成される。しかし，氷河の溶ける量が増え，氷河湖が大きくなりすぎると，水を

堰き止めていたモレーン(堆積)が水の重量に耐えきれなくなって崩壊し，下流地域で洪水を発生させる恐れがある。このような洪水は氷河湖決壊洪水と呼ばれ，氷河湖の下流に住む住民の生活ならびに登山やトレッキングなどの観光で訪れる人々に大きな影響を及ぼす。

スイスアルプスでは，スキーリゾートが開発され，夏季でも氷河上でスキーを楽しむことができる。しかし，氷河が後退するとこれらのスキー場は営業ができなくなる。観光産業への依存度が高いスイスアルプス地域では，温暖化に伴う氷河の後退が観光客の減少を招き，地域の経済に大きな影響を与える。

氷河が後退すると，溶け出した融氷水が海へ流れ込み，海面水位の上昇をもたらす。海洋に面した海岸沿いの地域では，高潮による災害が心配される。居住地や農地が海に水没してしまうことさえ考えられる。

南太平洋に位置するツバルは，人口約10,000人の島嶼国家で，面積は約30平方キロメートルであり，島のほとんどは珊瑚礁の環礁から成る。標高は最高でも約4メートルで，この国は地球温暖化による海面水位の上昇の影響を受けている。首都があるフナフティ環礁のフォンガファレ島では，2000年代以降最高潮位が3メートルを越えるようになったという。海面水位の上昇に伴って，海岸の浸食が進み，国土が消失しかねない。ツバル政府は，国連などの国際会議で海面上昇の影響を報告し，対策を求めている。

温暖化の影響を受けるのは，人間だけではなく，野生動植物への影響も認められる。ホッキョクグマは，クマ科の哺乳類で，北極圏，グリーンランド，アイスランドなどの海岸沿いに棲息する。海氷上でアザラシを捕獲し，餌として食べる。近年海氷が溶け，減少しているため，氷上で餌

スイスアルプスの氷河 （1990年8月 筆者撮影）

を捕ることができなくなり,ホッキョクグマの棲息頭数が減っている。

　地球環境を考えるときには,はじめに自然史,つまり地球の自然環境の歴史について理解することが重要であるといえる。その上で,現在の人為的な温暖化の影響を捉え,地球環境を保全する対策に取り組まなければならない。

　1997年,地球温暖化防止のために京都で開催された気候変動枠組み条約の第3回締約国会議において,議定書(京都議定書)が採択され,温室効果ガス削減の目標を設定した。日本は2002年にこの議定書を批准し,2005年に議定書は発効した。これにより温室効果ガスを抑制し,温暖化を防止するための取り組みが始まった。しかし,この議定書に関しては2012年までの短期的な目標を示すにとどまること,また,アメリカ合衆国,中国,インドなど主要な排出国は温暖化ガスの排出抑制義務を負っていないことなどの問題点が指摘されている。新たな温室効果ガスの抑制と,地球温暖化防止のための取り組みが求められる。

2　氷期の発見と第四期の気候変動

　地球に氷期(氷河時代)があったことは,良く知られている。氷期と聞けば,氷に覆われた平原をマンモスが歩いている様子を思い浮かべる人も多いかもしれない。新生代第四紀には,氷期が繰り返し訪れた。それでは,どのようにして,かつて地球上に氷期があった事実が明らかになったのだろうか。

　日本では,明治時代に地理学の研究のためドイツ・オーストリアに留学した山崎直方が,帰国後日本アルプスの地形を研究した。そして,北アルプスの立山にカール(圏谷)という氷河地形を発見した。カールとは,氷河による浸食できた半円形状の凹地で,立山のカールは,発見者の名前を記念して山崎カール(圏谷)と名付けられ,国の天然記念物に指定されている。日本の高山帯にカールが形成されていた事実は,かつて日本にも氷河が存在し,現在より寒冷な時期があったことを物語る。

　新生代第四期には,氷期と間氷期が交互に訪れた。地球が寒冷化し,氷河

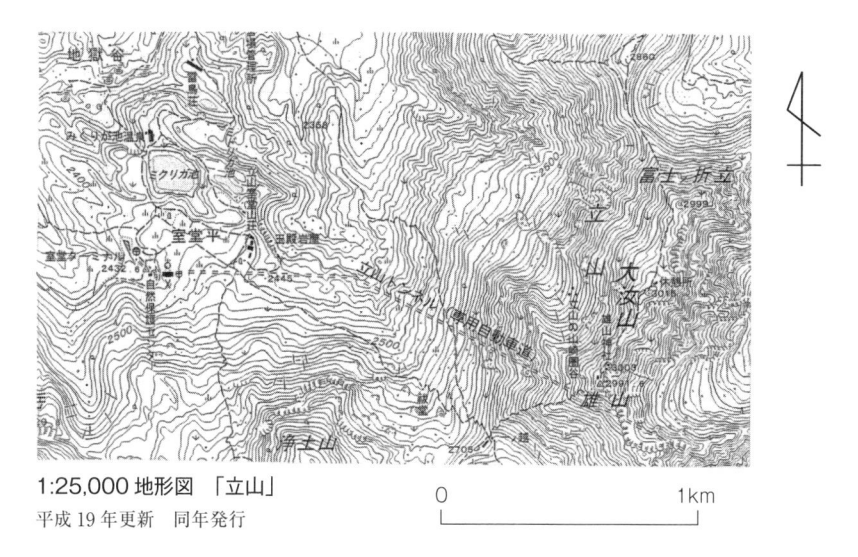

1:25,000 地形図 「立山」
平成19年更新　同年発行

が成長することによって氷河地形を形成した時期と，地球が温暖になり，氷河が後退，または消滅した時期を繰り返したことが明らかになった。地球環境は，非常に大きなサイクルでダイナミックに変化していることが分かる。

寒冷化し氷河が発達すると，地球上の水の多くが，雪と氷の状態で陸上に蓄えられる。したがって海水の量が減少し，海面水位が低下し，海岸線は沖合まで遠のく。この現象を海退という。逆に，気温が上昇し，氷河の雪と氷が溶け，海水の量が増加すると，海面水位が上昇する。この現象を海進という。

最終氷期以降には，地球の気温が上昇したヒプシサーマルと呼ばれる高温期がある。これは現在から6,000年前ころにピークに達し，日本では縄文時代の前期にあたる。この時期に気温の上昇に伴って，海面水位が高くなったことを，縄文海進と呼ぶ。縄文時代の貝塚の位置を調べると，かなり内陸にある場合が少なくない。この事実によっても，海進のため現在より内陸にまで海が侵入していたことが理解できる。

3　気候変動と自然環境 ── 東京高尾山を例に

高尾山は，東京の近郊にある標高599mの小高い山で，その特色は非常に

植物の種類が豊富なことにある。全体で1500種以上の植物があると言われる。イギリス全土にある植物の種類が約1400種であり、高尾山は一つの山でイギリスに匹敵する多様な植物が生育するという。このことから「奇跡の山」とさえ呼ばれる。特に冬の景観が、高尾山の魅力を引き立てる。

自然史年表

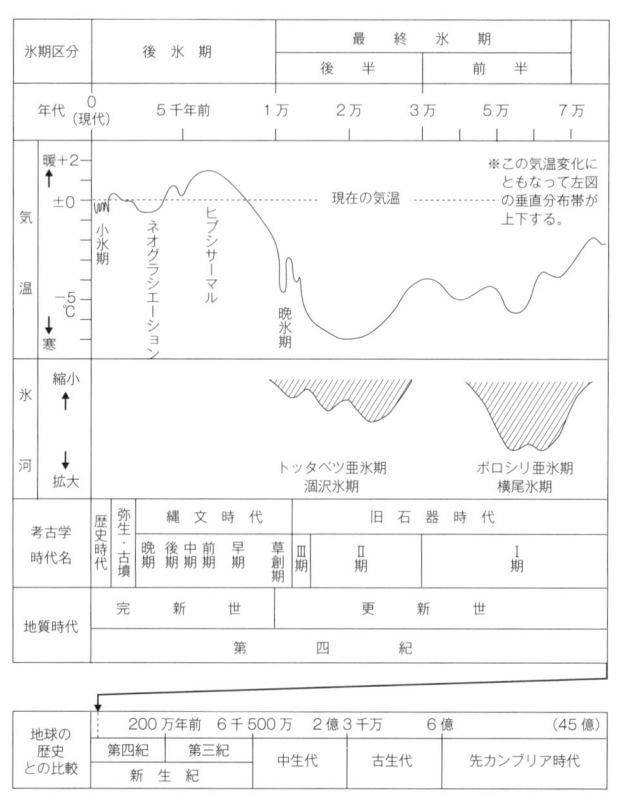

小泉武栄・清水長正編『山の自然学入門』古今書院1992年による

登山道に沿って登っていくと、山の南側と北側の斜面の景観が著しく異なることに気付く。南側斜面では、森は緑の葉に覆われている。これは、シイ類、カシ類を中心とした常緑広葉樹(照葉樹)が広がっているからである。こ

れに対し，北側斜面は，樹木が葉を落としていて，明るい日の光が林床まで差し込む。ここにはイヌブナ，ブナ，カエデなど落葉広葉樹林が見られる。南と北で森林の非対称が著しい。

関東地方にある高尾山の位置は，照葉樹林帯に含まれる。南側に分布するシイ類，カシ類はこれに属し，この地域の自然環境に適応した植生である。

これに対し，北側斜面のイヌブナ，ブナなどの落葉樹林は，本来は高尾山には存在しない森林である。なぜこのようなめずらしい森林が見られるのだろうか。

この山により寒冷な地域に広がる落葉樹林がある原因として，気候変動とのかかわりが指摘されている。すなわち，過去の寒冷な時期に，寒冷な環境に適する植生が定着し，それが現在もレリックとして残存していると考えられる。寒冷な時期は小氷期とよばれ，16～19世紀にかけての江戸時代ごろがそれにあたる。高尾山の魅力である植物の種類の多さの原因にも，過去の気候変動がかかわっている可能性がある。

高尾山北斜面の落葉樹林
（2013年4月 筆者撮影）

人類はかつて地球規模の気候変動を経験し，それに適応して生活してきた。現在の気候変動の原因の一つは，人間活動自体にあり，かつて経験したことがないほど急速に，地球規模で温暖化が進んでいる。これらの諸問題を解決するためには，自然史を理解した上で，人間活動が環境へ与える影響の大きさを認識し，温室効果ガスの抑制に向けた取り組みを進めるための具体的な方策を模索しなければならない。

＜参考文献等＞
漆原和子・藤塚吉浩・松山洋・大西宏治編（2007）『図説　世界の地域問題』ナカニシヤ出版
「海面，2100年最大81センチ上昇　IPCC報告書案　気温4.8度高く」朝日新聞2013年9月8日（日）朝刊記事
小泉武栄・清水長正編（1992）『山の自然学入門』古今書院
小泉武栄（2007）『自然を読み解く山歩き』JTBパブリッシング

② 環境とESDの普及

1 持続可能な開発を目指して

　宇宙船地球号は，青く美しい環境を今後も持続できるのだろうか。環境を保全し，地球の未来を明るいものにするために私たちは何をなすべきなのか。
　ESDは，Education for Sustainable Development の略称で，持続可能な開発のための教育を意味する。持続可能な社会の実現を目指し，一人ひとりが，世界の人々，将来世代，また環境との関係性の中で生きていることを認識し，よりよい社会づくりに参画するための力を育む教育と言われる。
　2002年，南アフリカのヨハネスブルクで開催された，持続可能な開発に関する世界首脳会議（ヨハネスブルク・サミット）において日本政府は，国内のNPOからの提言を受け，「持続可能な開発のための教育の10年」を提案した。また，同年の第57回国連総会において，2005年からの10年をESDの10年とする決議を提案し，採択された。このように日本の提案を基にしてESDが推進されることになった。
　日本におけるESD推進のために組織された，「持続可能な開発のための教育の10年」推進会議（ESD-J）によって，ESDにおいて培いたい価値観として5項目が示された。最初に「人間の尊厳」，次に「経済・社会的公正」があげられる。単に自然環境を保全するための教育にとどまらず，地球上のすべての人が，健康で文化的な生活を営むことを目指した教育であることが分かる。また，ESDを進める上で重要な9つの能力を規定している。これらの能力では，事実を理解し，知識を広げることだけではなく，思考する力，協力する力，行動を通して実践する力が求められている。ESDの内容

価値観
①人間の尊厳
②経済・社会的公正
③将来世代に対する責任
④人は自然の一部という認識
⑤文化的多様性の尊重

（ESD-Jの資料による）

は多岐にわたるが，従来から社会科や地理歴史科・公民科の学習で重視された内容が多く含まれる。

2 ESDと社会科学習

小学校学習指導要領社会では，社会科の目標の解説の中で「公民的資質は，日本人としての自覚をもって国際社会で主体的に生きるとともに，持続可能な社会の実現を目指すなど，よりよい社会の形成に参画する資質や能力の基礎を

> ESDの能力
> ①自分で感じ，考える力
> ②問題の本質を見抜く力／批判する思考力
> ③気持ちや考えを表現する力
> ④多様な価値観を認め，尊重する力
> ⑤他者と協力して物事を進める力
> ⑥具体的な解決方法を生み出す力
> ⑦自分が望む社会を思い描く力
> ⑧地域や国，地球の環境容量を理解する力
> ⑨自ら実践する力

(ESD-Jの資料による)

も含むものであると考えられる。」としている。

中学校学習指導要領社会においては，地理的分野「2内容(2)日本の様々な地域　ウ日本の諸地域　(エ)環境問題や環境保全を中核とした考察」において「地域の環境問題や環境保全の取組を中核として，それを産業や地域開発の動向，人々の生活などと関連付け，持続可能な社会の構築のためには地域における環境保全の取組が大切であることなどについて考える。」と示されている。公民的分野の「2内容(4)私たちと国際社会の諸課題　イよりよい社会を目指して」において，「持続可能な社会を形成するという観点から，私たちがよりよい社会を築いていくために解決すべき課題を探究させ，自分の考えをまとめさせる。」と示されている。

高等学校公民科の現代社会では，「2内容(3)共に生きる社会を目指して」において「持続可能な社会の形成に参画するという観点から課題を探究する活動を通して，現代社会に対する理解を深めさせるとともに，現代に生きる人間としての在り方生き方について考察を深めさせる。」と示されている。政治・経済では，「2内容(3)現代社会の諸課題」において「政治や経済などに関する基本的な理解を踏まえ，持続可能な社会の形成が求められる現代社会の

諸課題を探究する活動を通して，望ましい解決の在り方について考察を深めさせる。」と示されている。

　地理歴史科の世界史Aでは，「2内容（3）地球社会と日本　オ持続可能な社会への展望」において「現代世界の特質や課題に関する適切な主題を設定させ，歴史的観点から資料を活用して探究し，その成果を論述したり討論したりするなどの活動を通して，世界の人々が協調し共存できる持続可能な社会の実現について展望させる。」と示され，世界史Bでは「2内容(5)地球世界の到来　オ資料を活用して探究する地球世界の課題」において「地球世界の課題に関する適切な主題を設定させ，歴史的観点から資料を活用して探究し，その成果を論述したり討論したりするなどの活動を通して，資料を活用し表現する技能を習得させるとともに，これからの世界と日本の在り方や世界の人々が協調し共存できる持続可能な社会の実現について展望させる。」と示されている。地理Aでは「2内容（1）現代世界の特色と諸課題の地理的考察　ウ地球的課題の地理的考察」において「環境，資源・エネルギー，人口，食料及び居住・都市問題を地球的及び地域的視野からとらえ，地球的課題は地域を越えた課題であるとともに地域によって現れ方が異なっていることを理解させ，それらの課題の解決には持続可能な社会の実現を目指した各国の取組や国際協力が必要であることについて考察させる。」と示されている。

　このように，小学校社会科，中学校社会科，高等学校公民科，地理歴史科のそれぞれにおいて，ESDの視点を取り入れた学習が位置付けられている。

3　フードマイレージから見えるもの

　フードマイレージとは，食料の輸入重量(t)に輸送距離(km)を掛けた値を意味する。食料の輸入量が多いほど，また，輸送距離が長いほどフードマイレージは高くなり，環境への負荷が大きくなる。これはもともと，1990年代にイギリスで提起されたフードマイルズという概念に由来する。

　フードマイレージの視点を取り入れた学習の方法を考えてみよう。具体的

な学習活動として，日本国内で生産された農産物と外国で生産された農産物を比較することが考えられる。例えば，国産レモンと輸入レモンを比較する。日本国内の愛媛県産の国産レモンと，アメリカ産レモンの2種類のレモンを提示し，両方を比べてみる。スーパーマーケットで購入したアメリカ産レモンは，1個128

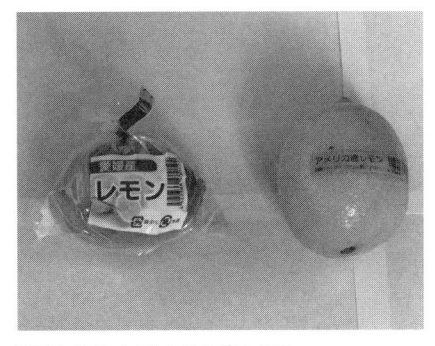

国産レモンとアメリカ産レモン
（2013年9月 筆者撮影）

円，愛媛県産レモンは，228円である。もし買うとしたら，どちらを選ぶか考え，意見を発表して話し合う。子どもからは，「価格が安い方が良い。」「品質が良い方を選ぶ。」などの意見が出されるかもしれない。

その後フードマイレージについて説明し，両者のフードマイレージを概算し比較する。アメリカ産のレモンには，アメリカ合衆国のどこの地域で生産されたかは示されていないが，アメリカ合衆国の柑橘類の産地であるカリフォルニア州を例に取り，東京からロサンゼルスまでの距離を地球儀を活用して調べる。およそ9,000kmであることが分かる。日本の国内産レモンは，愛媛県産と表示があったので，愛媛県の県庁所在地の松山市と東京都の距離を地図帳を活用して測る。およそ700kmである。仮に1tの重さのレモンを輸送すると，フードマイレージはアメリカ産の場合は，1×9,000＝9,000（t・km）となり，愛媛県産では，1×700＝700（t・km）となる。フードマイレージの差は，約13倍となる。フードマイレージの値に1tの荷物を1km運ぶ際に排出するCO_2の量である排出係数（鉄道20，船舶40，トラック150，航空機1,490）を掛けることにより，CO_2の量を計算することができる。マイレージが高ければ，輸送に燃料を使い，CO_2を多く排出することが分かる。

日本のフードマイレージを世界の国々と比較してみる。はじめに日本のフードマイレージが多いか少ないかを予想する。子どもからは，「日本では，

多くの食料を輸入しているから，フードマイレージも高いと思う。」という意見や，反対に「お米はほとんど日本で生産されているから，そんなに高くないかもしれない。」という意見が出されることが考えられる。予想した後に，世界の国々と日本のフードマイレージを比較するグラフを提示する。

このグラフから韓国，アメリカ合衆国，イギリス，ドイツ，フランスのどの国よりも日本は，フードマイレージが高い事実を読み取ることができる。

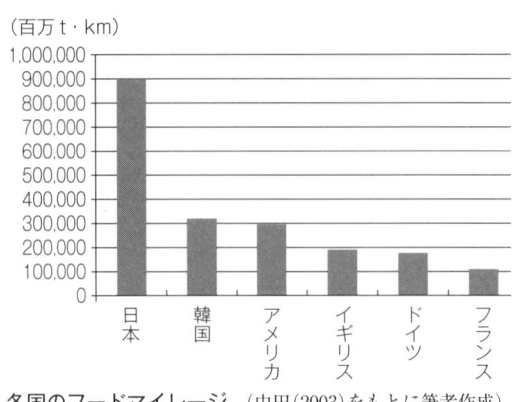

各国のフードマイレージ　（中田（2003）をもとに筆者作成）

最後に，食料品を買うときにどのようなことに気を付けたら良いか意見を出し合う。子どもから「食品を選ぶときに，値段が高いか安いかだけではなく，環境にやさしいかどうかも考えることが大事だと思う。」というような意見が出されれば，自分の生活を振り返る契機となったことが分かる。このような学習を通して，適地適作や地産地消の重要性を知り，自分や家族の買い物を見直すことができる。

4　フェアトレードの推進

フェアトレードは，公正な貿易を意味する。フェアトレードの重要性が主張される背景には，フェアではない，不公正な貿易の実態が存在する。すなわち，先進国と発展途上国の間の，不公正な関係である。例えば，チョコレートは，カカオの種子を発酵・焙煎したカカオマスを主な原料として砂糖，ココアバター，粉乳などを加えて製造する。カカオ豆は，中央アメリカ，アフリカの熱帯地域が原産で，主な生産地域は，アフリカ，アジア，中央アメリ

カなどである。先進国の企業のために，不公正に安くカカオ豆が買い取られる事実がある。国際フェアトレード・ラベル機構（FLO）は，有機栽培によって作られたと認証したカカオ豆に最低保証価格を適用し，生産者の収入が増えるような仕組みを作っている。先進国の人々は，フェアトレードの原料によって生産されたチョコレートを購入することを通して，発展途上国の人々を支援することができる。

　社会科などを通してこのような事実を学習した子どもたちは，ESDの視点から発展途上国と自分の行動とのかかわりに気づくことになるだろう。ただ，実際の消費場面では，そうした公正さよりも低価格を選ぶということが少なくない。大量生産・大量流通に向かないフェアトレード製品は，今のところ品質が一定しないという問題もある。可能性と同時に課題についても思考を深め，未来の地球社会の担い手としてどのように行動していくかという自覚へとつなげていくことが重要であるといえよう。

＜参考文献等＞
　中山修一・和田文雄・湯浅清治編（2011）『持続可能な社会と地理教育実践』古今書院
　泉貴久・梅村松秀・福島義和・池下誠編（2012）『社会参画の授業づくり ― 持続可能な社会にむけて ―』古今書院
　中田哲也著（2007）『フード・マイレージ ― あなたの食が地球を変える ―』日本評論社
　中田哲也（2003）『食料の総輸入量・距離（フード・マイレージ）とその環境に及ぼす負荷に関する考察』農林水産政策研究 第5号
　佐藤寛編（2011）『フェアトレードを学ぶ人のために』世界思想社
　ESD-J ウェブサイト　http://www.esd-j.org/j/esdj/esdj.php

③ 進化する生殖医療

1　先端医療技術の進歩

　医療が「治療する」から「予防する」へと変わりつつある。人間の欲望は不老不死を願うがごとく、ひたすら病気を排除し健康を追求するヘルシズムや老いることを拒絶するアンチエイジングとなり、さらには無菌・無臭を理想とするような状況である。また、病気に対する治療やケアを超え、人間の心身の仕組みに生物学的に介入するエンハンスメントという人間の改造が行われつつある。こうした中で、生殖医療、移植技術、遺伝子技術などの先端医療技術の飛躍的な進歩は、人間の生命観や死生観について、大きな転換が余儀なくされる課題を提起している。例えば、出生前診断や遺伝子診断によって生命の誕生を操作すべきか、終末医療の中で尊厳死や安楽死を認めるべきかなどの新しい課題について論議されるようになった。このような問題群を、人間の生き方の問題として考察しようとするのが生命倫理学（バイオエシックス）ともいえよう。

　さて、バイオエシックスはギリシア語の生命（bios）と倫理学（ethics）の合成語であり、1970年代にアメリカで生まれた医学だけではなく、哲学・倫理学・宗教学・法学・人類学など多岐にわたる学際的な学問である。アメリカを中心として発展した生命倫理学（バイオエシックス）は、パーソン論と自己決定権が中心となり活発な議論が展開されている。パーソン論とは、あるものが「人格」（生命体の主体）であるためには「自己意識があること」といった条件が必要であり、そのような条件を満たさない存在者の死を引き起こすことが許されるという議論のことである（加藤尚武編 (1998)『生命倫理学を学ぶ人のために』p.97, 世界思想社）。また、バイオエシックスの5原則とは「(1) 成人で判断能力のある者は、(2) 身体と生命を含む〈自己のもの〉について、(3) 他人

に危害を加えない限り，(4)たとえ当人にとって理性的にみて不合理な結果になろうとも，(5)自己決定の権利をもち，自己決定に必要な情報の告知を受ける権利がある」(加藤尚武編，同書 p.13)というものである。他者危害の原則では，他人に危害を加えない限り，愚かな行為(愚行権)を是認することとなる。本来ならば，「生命倫理学」と「生命倫理」は明確に区別するべきであるが，現実には曖昧に使用されている状況であることも注意を払う必要がある。

2　生殖医療技術

　生殖(補助)医療技術とは不妊治療だけではなく，生殖を抑制する技術，妊娠や出産を回避する人工妊娠中絶や避妊技術なども含まれる。さて，避妊をしていないのに2年間を経過しても妊娠しないことを不妊という。かつては，子どもは天からの授かりものであり諦めざるをえなかったが，生殖医療技術の進歩により，子どもを望むカップルは，子どもが授からない場合に不妊治療を選択することが可能となったのである。さらに不妊治療は，カップルではなくとも，結婚は望まないが，子どもが欲しい場合にシングルマザーになることも可能としたのである。

　生殖医療技術を考察するに，不妊治療をのぞむカップルにとって，とくに結婚後の女性には，舅，姑などによる「早く孫の顔が見たい」という要望や，あるいは無言の「圧力」が想像される。例えば，結婚式以来久しぶりに会った友人の「お子さんはいらっしゃるの」という何気ない問いにも敏感に反応し，傷つき易い(ヴァルネラブル)状況となっている。このように女性が結婚し，子どもを産むことが「当たり前」とする社会的状況が，生殖医療を推進させていることにも配慮すべきである。また，不妊治療は一度でうまくいくものではなく，気長に構えることも必要であるが，不妊治療の公的助成も十分な金額ではなく，厚生労働省の検討会(2013年)では公的助成は43歳未満という方針もあり，当事者にとって経済的な負担も大きく，誰もが受けられるものではない。

(1)人工授精

人工授精には，配偶者間人工授精（AIH：Artificial Insemination by Husband）と非配偶者間人工授精（AID：Artificial Insemination by Donor）がある。非配偶者間人工授精により，1万人以上が出生していると言われている。第三者からの精子提供による人工授精については議論が分かれるところであり，匿名性により第三者は秘匿されている。

(2)体外受精

体外受精は，1978年にイギリスでルイーズ・ブラウンが初めての体外受精児として誕生し「試験管ベビー」とも言われ話題となった。日本でも実施されるようになり，現在国内で年間1万人が体外受精で誕生している。体外受精は，卵巣にホルモン投与により過剰排卵状態を起こさせ，複数の卵子を採取し，正常な卵子と精子を培養液の中で受精させ受精卵に培養し，初期胚を子宮に移植する方法である。とくに，顕微授精法の技術開発が，乏精子症の男性にとって有効な手段となった。

(3)代理出産

代理出産とは，妊娠や出産ができない女性に代わり，養育を希望している親に譲り渡すことを約束して妊娠，出産することである。代理出産には，人工授精型代理出産（代理母・サロゲートマザー）と体外受精型代理出産（借り腹・ホストマザー）の二通りがある。人工授精型代理出産は，子どもを引き取り育てたい男性の精子を代理母に人工授精し妊娠，出産する方法である。この場合には代理母は，生まれてくる子どもの出産の母であり，遺伝上の母でもある。従って，依頼したカップルの父親のみが遺伝的なつながりがある。一方，体外受精型代理出産は，依頼するカップルの精子と卵子を体外受精させて代理母に移植する方法である。代理母は出産の母であるが，遺伝上の母ではない。また，代理出産するのは姉妹・母・友人だけではなく，アメリカなどで容認されている第三者による商業契約に基づく代理出産がある。

1986年にアメリカでベビーM事件が起こった。これは商業契約に基づく

人工授精型代理出産で，出産後に代理母が依頼人夫妻へ子どもを引き渡すことを拒否した事件である。2年にわたる裁判を経て，子どもは「こどもの利益の最優先」という判断により依頼人夫妻へ渡された。ただし代理母には訪問権が許された。ここには，依頼人と代理母との生殖医療における「南北問題」が見え隠れするのである。

(4) 出生前診断

　胎児を対象に，疾患の診断や胎児状態の評価を行う出生前診断には，次のような方法がある。現在では高齢妊娠・出産の増加で出生前診断への関心が高まっている。①超音波により胎児の状態を画面で見る「エコー検査」，②妊婦の血液中のタンパク質を調べる「母体血清マーカー検査」，③超音波検査や胎盤の組織を採取する「絨毛検査」，④子宮内から羊水を採取する「羊水検査」，さらに⑤母体血中のDNAを診断する「母体血胎児染色体検査」がある。これらの中で⑤の検査は簡単に血液の採取によるだけで，母体に負荷をかけることなく，流産を回避できるもので，「新型出生前診断」と言われ注目を集めている。

　妊婦にとって，とりわけ高齢出産になるとその不安から，妊婦の血液で胎児のダウン症などの染色体異常が分かる「新型出生前診断」の検査を受けようとするのである。日本産科婦人科学会指針では，対象を他の検査で染色体異常が疑われた場合や高齢妊婦などに限定している。また，日本医学会が認定した，十分な遺伝カウンセリングが可能な施設でのみ行うこととなっている。当然のことながら，十分な情報がないままに検査を受ければ生命の選別につながるという指摘もある。このことは，優生思想につながる危険性があるということである。陽性反応が出たら，どのように対応すべきであるかを問われる覚悟が必要な検査である。母体保護法の第14条第1項には「妊娠の継続又は分娩が身体的又は経済的理由により母体の健康を著しく害するおそれのあるもの」とあるように，検査結果で陽性となったとしても当然のことながら，そのことを理由に人工妊娠中絶することはできない。しかし，「身体的

又は経済的理由」による項目に該当するとして人工妊娠中絶が行われるのが現状である。また，人工妊娠中絶は，若年者の場合もあるが，例えば既婚者であり，子どもが二人いるが，三人目の妊娠が分かり実行される場合も多い。不妊に悩み子ども欲しがるカップルもいれば，予定外の妊娠で人工妊娠中絶を行うカップルもいるという現実を生殖医療技術のなかで直視する必要があるのではないだろうか。

3　生殖医療技術の倫理的・法的・社会的問題

　生命倫理における倫理的・法的・社会的問題はELSI（Ethical Legal and Social Implications）と呼ばれる。1990年のWHO（世界保健機関）の会議にて，子どもを産むか産まないかの自己決定を中心に，それらを法的な基本権とするリプロダクティブ・ライツ（reproductive rights）という考え方が提起された。また，生殖の自由や権利は，プライバシーの権利の一つであり，国家などの権力により侵害されてはならない人権である。これには生殖を回避する自由もあるが，不妊に悩む人にとって生殖の自由や権利の保障があることにより，不妊治療を行う権利の論拠となるのである。さらに，「世界人権宣言」では，第16条第1項に「成年の男女は，人種，国籍又は宗教によるいかなる制限も受けることなく，婚姻し，かつ家庭をつくる権利を有する」外務省「世界人権宣言」（仮訳文 http://www.mofa.go.jp/mofaj/gaiko/udhr）とある。このように生殖の自由と権利は，子どもを産むだけではなく，家族を形成する権利であり，社会的に親となり子どもを養育することでもある。

　不妊に悩むカップルにとって，このような権利が根拠となり，生殖医療技術を使い，子どもを産む権利が生じるということとなる。しかし，ここで問題となるのは生まれてくる子どもの権利をどのように考えるのかということである。他の先端医療技術においては，自己決定の責任において，自らが治療法を，あるいは治療しないことを選択することとなる。しかし，不妊のカップルの場合は自己決定の責任に基づき不妊治療を選択することができるが，

子どもに対する責任を考える必要がないのだろうか。あるいは，子どもに対する責任をどこまで負うこととなるのか明確ではない。例えば，非配偶者間人工授精（AID）で生れた子どもにすれば，後になり事実を知れば遺伝上の父親に会いたいと思うであろう。しかし，その第三者が不明の場合もある。どのように，子どもに気持ちの整理をつけさせるのであろうか。あるいは，人工授精型代理出産で生まれた子どもは，代理母に対しどのような対応をするのであろうか。かつては匿名性の原理に基づき出自を知らせなかったが，生まれた子どもの権利を考えるならば「出自を知る権利」が認められることになろう。さらに凍結した精子や卵子を使用して代理出産するならば，生まれた子どもの両親がすでに死亡していることもありうるのである。いずれにしても生殖医療技術の進歩は，従前の伝統的な遺伝的・血縁的関係によって成立する家族構成を崩し，複雑にするのである。

4 少子化対策の課題

　少子化対策においては，社会の構造的な課題を解決することが優先されるが，その対策の一つとして生殖医療技術が肯定的に捉えられることとなる。ただし，かつてのような「産めよ，増やせよ」の如くではなく，「世界人権宣言」においても保障されているように，国家は生殖に関して関与すべきではない。また，医療資源の公平性の観点から見ると，生殖医療技術をはじめとする先端医療技術を受ける者は，富める者であるという現実もある。今後の生殖医療技術は，人間の果てしない欲望を充足させるために進歩するであろう。そして，新たなELSIを提起することになるが，どのように人間の叡智でこの問題を解決するかが問われるのである。

＜参考文献等＞
　生命倫理教育研究協議会(2006改訂版)『テーマ30生命倫理』教育出版

④ 高齢社会と老いの諸相

1 高齢社会の現状

　高齢者(65歳以上)が総人口に占める割合が高齢化率である。この高齢化率が7%を超えると高齢化社会(aging society)、14%を超えると高齢社会(aged society)、さらに21%を超えると超高齢化社会という。すでに、日本は2007年において超高齢社会となった。1996(平成8)年から、毎年政府が国会に提出している高齢社会対策基本法に基づく年次報告書が『高齢社会白書』である。白書によれば、「諸外国と比較すると、我が国は、世界のどの国もこれまで経験したことのない高齢社会を迎えている」というように社会構造が大きく変化した。このように高齢化のスピード、高齢者数、平均寿命において世界でこれまで例を見なかった異次元の状況となったのである。高齢化の原因は出生数が減少し、平均寿命が延びたからであり、人口ピラミッドは、ピラミッドではなく口がすぼんだ壺型へと移行している。また、未婚率や離婚率の上昇、配偶者との死別後こどもと同居しない高齢者の増加などにより、高齢者の単独世帯も増加している。平均寿命の長い女性が、夫の死別後も単独で生活する割合が多くなっているのである。また、ライフスタイルの変化で、高齢者がこどもとの同居を強く望む割合は減少している。

　高齢者の増加は、「医療」「介護」「年金」などの支出が増え続けることとなり、高齢者関係給付費が上昇し社会保障費給付全体を押し上げ、国民所得に占める社会保障費の割合が上昇する。一方では、現役世代が高齢者を支える人数も減少することとなる。政府の社会保障制度改革国民会議がまとめた最終報告書(2013年)は、団塊の世代が75歳を超える2025年度を見据えて、「医療」「介護」「年金」「少子化」対策の4分野での改革案を提示した。報告書では、負担の原則について、高齢者に一律に配慮する「年齢別」から「負担能力別」

への転換を打ち出している。また「医療」の構造改革として病院だけで医療を行う「病院完結型」の医療から病院だけではなく地域で支える「地域完結型」の医療への転換を求めている。そのためには高齢者に適したリハビリや，早期の在宅復帰を支援する機能，在宅医療・介護，住まいや自立した生活の支援などの体制の整備が必要である。いわゆる「かかりつけ医」の定着も求められる。また「介護」では「要支援」と認定された軽度の要介護者向けサービスの見直しも検討されている。基本的には「全世代で支え合う社会」への移行を目指しているといえよう。今後，これらの提言は，日本経済の景気動向を含め，待ったなしの焦眉な課題であり，まさに国民が自覚と覚悟を持つことが肝要となるのである。

2 老いとは

老いに対しては，紋切型の否定的な眼差しがある。それは生物学的に見るならば，衰退し，衰弱し，やがて死が待ち受けているからであろう。しかも老人に対する尊敬の念や，老人自身が持っていた威厳などが消滅しつつある。また，ある年齢を越えれば，嵐の如く突然に老いが訪れると考え，画一的な固定的な老人像がつくり上げられているようでもある。これは老いれば，醜いもの，あるいは汚いものに変貌するという潜在的な意識が存在するからであろう。このように，老いを暗澹たる色彩のみで表現する傾向にある。あるいは「老いの坂」を，ブレーキが効かず，一気に滑落するようなイメージで捉えているのである。これは，効率性や生産性を最優先とし，脇目も振らずに全力疾走する現代の社会全体の志向によるものである。経済システムは利潤のみを追求し，利潤を生まない行為を排除し，非生産的な人間までをも排除しようとする。よって，その典型が老人ということになるのである。しかし老人は，それまでの人生と連繋しているものであり，決して人生の過程で急展開するものではないことを忘れてはならないのである。

哲学者の鷲田清一は，「若さ」と比べて「〈老い〉は〈死〉と近接した，あるい

は醜さ，汚れ，愚かさ，乏しさ，弱さ，遅さ，つまりは退行性のなかに埋もれた，おぞましいもの」（鷲田清一（2003）『老いの空白』p24，弘文堂）と成人がそのようなイメージを貼りつけたという。さらに鷲田は「〈老い〉は，保護や介護，ときには収容や管理の対象とみなされてゆく。年老いて，じぶんは消えたほうがいいのではないか，じぶんはお荷物，厄介者でしかないのではないかと問わないで生きえているひとは，少なくない。無力，秩序，あるいは衰え，そういうセルフイメージのなかでしか〈老い〉という時間が迎えられないということが，わたしのいう〈老い〉の空白でなくていったい何だろう」（鷲田清一，同ページ，同書）と問いかけている。このような老いの空白を，一人ひとりがどのように埋めていくかが課題なのである。老いが受動的，他律的なものとして捉えられていることが，老年の介護（ケア）が大きな負担であるという問題提起にしかならないのであろう。

　作家の黒井千次は，「老いるということは，どこかに到達するのではなく，延々と老い続けることであり，老い続けるとは生き続けることに他なりません」（黒井千次（2006）『老いるということ』p.216，講談社現代新書）と，その各瞬間は老いる前と少しも変らないという。相違点は，「各瞬間の下に無数の時間が分厚く堆積しているだけでしょう。そして積み重なったその瞬間の層が経験として身の内に生き続けているのですから，老いの一瞬は若い日に比して較べものにならぬほど豊かなものである筈です。人間の生にとって，大きくて，広くて，深い領域へと進む可能性を秘めているのが老いの世界ではないでしょうか。老いるとは，その領域に向けて一人一人が自分の歩幅で一歩一歩足を前に出すことであるに違いありません」（黒井千次，pp.226～227，同書）という。老年には，永年の蓄積された経験が身についているので，若者に比較すれば冒険心や行動力では劣りつつあるかもしれないが，好奇心や想像力は変化せず，集中力や批判力はむしろ研ぎ澄まされるであろう。

　また，社会学者の天田城介は，〈老い衰えてゆくこと〉を次のようにいう。

　「「できない現在の自分」「できなくなった現在の当事者」に直面しながら

も，それでも「できていた過去の自分」ないしは「できていた過去の他者」のイメージに引きずられ，それに深く呪縛されながら苦闘する日々の出来事なのだ。あるいは，そうした苦闘を重ねながら，幾重にも深い苦悩と葛藤の只中で新たな「発見」を繰り返していく日々の別名であると言ってもよい。（天田城介（2011）『老い衰えゆくことの発見』pp.13〜14，角川選書）

　ここで留意すべきは，初めから「できない」のではなく，老いて徐々に「できなくなった」ということである。このように，天田は，老いることを，全くできないわけではないが，さりとてできるままの身体では生きていくことのできない「どっちつかずの身体」として捉えている。老いると今まで「できること」が「できなくなったこと」への苛立ち，もどかしさ，焦燥感などが鬱積するが，そこから新たな自分を発見するのが老年なのである。

　老いには両義性がある。老廃，老残，老醜のような「衰退」を意味するものと，老成，老熟，老実のような永年の「蓄積」を意味するものである。老年とは衰退するだけではなく，成熟や叡智に到達する移行期なのでもある。老いとは，「衰退」と「蓄積」とを包括したものであり，また自己の老いだけではなく，他者の老いとどのように向き合っていくかが問われている。

　また，人間は単独で生命を維持することができない存在であり，人間は共同体の中で共に生きているのである。人間とは広範な社会の分業システムの中で生きている存在である。老年だけではなく，幼年も単独で生きることができず，介護や保護という他者の世話（ケア）により，その存在を維持している。かつては，家族，地域による「絆」や「支え合い」による「お互いさま」の精神が生きていたが，今やこの精神が喪失しつつある。老いれば，頭も白髪になるか禿げてくる。耳も遠くなり，眼も見えにくくなる。歯も抜ける。足腰が弱まり，杖や車椅子の介助も必要となる。このように人間は老いれば身体が不自由となり，障がい者となり，病者となる存在であることを，若年の頃から自らを〈埒外〉とせずに，自らに関わることと意識していくことが肝要なのである。そして，超高齢社会となった日本において，どのように老年を生

き，老いの価値を見出すかが試されているのである．

3 認知症の増加

　超高齢社会の日本では，認知症患者が増加し，その介護が重要な課題となっている．今後は，再生医療技術による認知症を改善する特効薬も期待されるが，その対応に迫られている．有吉佐和子が1972年に発表した『恍惚の人』は，認知症をテーマとした先駆的な小説でありベストセラーとなった．今ほど顕在化していなかった認知症や，家族の高齢者介護の限界など老いの課題を世間に投げかけ評判となった．次に『恍惚の人』から20余年を経て，佐江衆一は1995年に『黄落』という小説を発表した．1990年には在宅介護にとって重要なホームヘルプ，デイケア，ショートステイサービスが本格的に整備され始めた．この小説では還暦間近の夫婦に老親介護（老々介護）の問題を提起し，介護疲れによる熟年夫婦の離婚危機まで惹起した．

　親や配偶者が認知症となったならば，誰しもそのあまりの変貌に愕然とし狼狽する．その後，家族が否応のない介護の労苦の果てに，見捨てるということではなく，自然にあるがままに任せるという境地に達しようという心構えがなければ，肉体的にも精神的にも恢復しがたい疲労困憊な状況となろう．介護の現場では，一人ひとりの人間性，あるいは家族の赤裸々な関係性が次々と露わになってくる．介護技術というスキルが必要だが，相互の心の揺れを感じ取るような細やかな感性や，自分を失わない強靭な精神も求められる．とはいえ現実には，人間は悩み苦しむ存在であるのだから，相互に探りあい，求めあいながら何とか生きていくしかないであろう．また，認知症の病者を蔑視するような否定的な眼差しは，病者や障がい者を差別し排除することと同じである．自我を捨て去りあるがままに受け入れ，何ものにもとらわれず自由に気高く生きることだ．老いとは，そのような境地に到達することなのではないだろうか．

4 老年の充実への課題

　近代社会になると，人間の評価としては「何ができるか」「何をしてきたか」という観点が優先されるようになった。この評価を老いることに対して適用するならば，高齢者の評価は年々少しずつ下がっていくことになる。老いとは，今まで肉体的に「できたこと」「できること」が一つずつ「できなくなっていく」というプロセスで捉えるからである。かつては，場数を踏んでいる経験者である高齢者は，智慧や技があり尊敬されていた。それが，今の評価であれば，老いには価値を見出せないこととなってしまう。このような評価に対して，老いが肯定され，受け入れられる社会を構築しなければならない。老いの理想を語るならば，「元気な老人」とか「きれいな年寄」とかが掲げられることが多い。これに対し，黒井千次は「そこに老人を励ます掛け声としての意義は認められますが，それが理想の老いの表現であるとは思えません。その掛け声の基本にあるのは老いを拒絶する姿勢です。老いを排除し，老いを視野の外に追いやって，かわりに若い日への幻想を持ち込むことにしかならない」(黒井千次，pp.223～224，前掲書) という。この批判は，肝に銘ずべきであり，無意識に老人を激励しているのである。

　また，人間は受動的存在であると共に，能動的存在である。人間は老いて介護(ケア)が必要となれば，相互依存と支え合いに依拠した生活にならざるをえない。しかし，自発的な能動的な存在でなくてもよいという事ではない。老いても，死を迎えるまで，自らの生涯に対して自己実現と人生の意味を自覚し，精進しなければならない。まったくの受動的存在は，他者の好意に甘えるだけという懶惰(らんだ)な存在を生み出しかねないからである。そして，老年とは家族，友人などの死別を数多く体験し悲嘆にくれるが，死を覚悟し，自然の摂理に従い，生命に定められた限界に従って，精神的に円熟した残された日々を過ごす時期なのである。

⑤ 生命科学と政治

1　生命科学の時代

「遺伝子検査キットで，かかりやすい病気を知る」。とあるポータルサイトの上部に表示されたこの文章をクリックすると，リンク先は，唾液を送るだけで病気の発症リスクや生まれつきの体質など 37 項目が分かる検査キットの直販サイト。価格は 29,800 円（2014 年 1 月現在）と検査としては手頃かもしれない。米国ではさらに安い 99 ドル（約 1 万円）で 200 項目以上の判定が受けられる「23 アンド・ミー」の利用者がすでに 20 万人を超え，2013 年中に 100 万人に達する勢いである（『ニューズウィーク日本版』2013 年 4 月 16 日号，p.46）。

ヒトゲノムの完全解読から 10 年。数年前までは 2 年を要したこの作業が，今では大学や企業の研究室で，たった 1 日で完了する。その恩恵は，個人個人が病気のリスクを把握して早くから予防に努めたり，体質に合う薬や治療法を選んだりするなど，多岐にわたる。原因不明だった病気の遺伝子上の原因が特定され，画期的な治療法が見つかるかもしれない。病気の原因が遺伝子にあるのなら，現在一部の遺伝病やガンなどに限って臨床試験が試みられている遺伝子治療を，より多くの病気に適用させることも可能になろう。

近い将来，誰もが自分の遺伝情報を記録した IC カードを持参し，一人ひとりの患者に合わせた，効果的で安全な低コストの医療が実現すると期待されている。遺伝子技術は，iPS 細胞に代表される再生・移植医療や生殖技術の一層の進展とあいまって，医療の姿を大きく変えつつある。

2　優生思想の現代史

新時代の医療の可能性が一気に現実味を増してきた一方，個人の遺伝情報が検査され利用されることをめぐっては，これが新たな差別を生むのではな

いか，命の選別を招くのではないかとの懸念も高まっている。

　米国では遺伝子検査の結果を理由に従業員が突然解雇されたり，会社が従業員の遺伝子検査を無断で行ったりするといった事件が起きている。日本でも，国の新生児検査で遺伝病と診断された子どもが，簡易保険への加入を一律に拒否されていた問題などがある。今後さまざまな病気や資質に関連する遺伝子が特定されていくと，遺伝情報で人をふるいにかけようとする発想は，就職や結婚相手を選ぶときなどさまざまな場面でも起きてくるかもしれない。

　例えば，ノーベル物理学賞を受賞した江崎玲於奈氏は，就学時に遺伝子検査を行い，個々の子どもの遺伝情報に適した教育を施すべきだと説いている（斎藤貴男（2004）『機会不平等』p.16，文春文庫）。また，遺伝子治療と同様の手法を用いれば，記憶力を高める，足を速くする，肥満を抑える，肌のしわを取るといった遺伝子操作の技術が実現するかもしれない。すでに「青い眼」や「金髪」の遺伝子は判明している。この延長線上に議論されているのが，親の要望通りに子どもをつくる「デザイナー・ベビー」の可能性である。

　人間の遺伝情報が治療の枠を超えて，社会的な差別や生まれくる命の選別の手段になるかもしれない。この問題に，政治はどう応えてきただろうか。

　人の命に優劣をつけて，「優れた命」は生まれ育つように，「劣った命」は生まれ育たないようにしようとする考え方を「優生思想」という。こう聞くと，優生思想は差別そのもので，決して許されないと誰もが思うだろう。ところが，この考え方は「国を良くする」ためのアイディアとして古くは古代ギリシアの哲学者プラトンが唱え（『国家（上）』岩波文庫），20世紀前半には実際に各国の国家戦略となっていた。

　20世紀に優生思想の根拠とされたのが，社会ダーウィニズム，つまりダーウィンの進化論を人間社会にあてはめる考え方だった。「劣った」ものの淘汰によって生物が進化するなら，人間社会も同じ仕組みで改良できるのではないか。自然淘汰の代わりに，政策によって，能力が「劣る」，社会の「お荷物」でしかない人々を減らし，「優れた」人々だけが残るようにすればよい。それ

こそが，人々の生活の質を向上させる，政治の重要な役割ではないか。

このような発想から，欧米諸国の多くが優生政策を展開した。遺伝病患者，精神病患者，服役中の犯罪者らに不妊手術，つまり生殖を不能にする手術を施したり，遺伝学者らが「健全な」人々同士で結婚するよう奨励したりした。この背景には，欧州各国が第一次世界大戦で「優秀な」男性を多く失ったことが影響していた。そのなかで，政府による手厚い支援が必要な「劣った」人々の存在は，福祉国家のコストと見なされたのである。優生思想はさらに人種の優劣を説く思想と結びつき，各国による移民制限の後ろ盾にもなった。ドイツでは，ナチスが精神病患者や障害者の大量安楽死まで行った。優生政策は，程度の差こそあれ，政治体制の違いを越えて展開されたのである。

日本も例外ではなかった。しかも，日本では優生政策の内容が第二次世界大戦後に強化された。1948年制定の優生保護法は，「優生上の見地から不良な子孫の出生を防止する」ことを目的とし，中絶を実質的に合法化する一方，不妊手術の対象を遺伝性と関係のない精神障害者やハンセン病患者にまで拡大した。その結果，本人の同意を得ない強制不妊手術だけでも1万6500件も行われたという(『朝日新聞』1997年9月17日付)。

今日，これら一連の優生政策は誤りであったとして否定されている。1970年代を境に，優生思想は障害やハンディキャップをもって生きる人の尊厳を奪うものと考えられるようになったからである。女性の権利運動の結果，生殖は個人の自己決定に属するものという考えも定着した。優生保護法は，優生政策に関する条項を削除して，1996年に母体保護法へと改正されている。

3　ルールはどこでどうつくられるのか

優生政策の否定を通じて，個人の自由な選択の保障が，生命倫理における有力な原則になった。しかし今日，医療や生殖に関するすべてを，個人の自己決定に任せてよいだろうか。「より健康でありたい」「立派で能力にあふれた子どもを持ちたい」という願いは，誰にとっても自然なことだ。だが，そ

の思いが暗黙の選別となって社会に浸透する危険性が懸念されている。出生前診断による障害児の中絶，遺伝子診断と遺伝情報の活用，生殖医療と遺伝子技術を組み合わせた出産には，市民の自主的選択によって命の選り好みが行われる「レッセフェール（自由放任）優生学」の問題が潜んでいる。この問題に対して，国内ではどのようなルールが存在しているだろうか。

　母体保護法は，胎児の障害の可能性を中絶の理由と認めていない。しかし，「経済的理由」という要件を適用することで，実際には中絶が広く行われている。日本産科婦人科学会の調べによれば，2009 年までの 10 年間にこの「選択的中絶」をしたと推定されるのは 1 万 1700 件余りで，1990 年からの 10 年間に比べ 2.2 倍に増えている（『読売新聞』2011 年 7 月 22 日付）。羊水検査の実施件数も，2012 年は約 2 万件で，10 年前と比べて倍増している（『日本経済新聞』2013 年 6 月 22 日付）。

　羊水検査という出生前診断の技術の実用化は，1960 年代後半に遡る。当時一部の自治体は，従来の優生思想に基づいて「不幸な子が生まれないようにする運動」を展開し，出生前診断の積極的な利用を推奨した。これに障害者団体らが異議を唱え，胎児の障害は法律上中絶の要件にはならなかった。

　ただし，優生保護法は中絶手術の規制を嫌う産婦人科医たちの主導で制定され，彼らは以降，手術を指定医だけが行うことができる利権を守ることに腐心した。「野放しの中絶」に対する批判が高まった 1970 年代も，彼らは「経済的理由」という要件を固守することに成功している。

　生殖医療に関しては，日本では法律が存在しない。その代わりに，産科婦人科学会の会告が利用のありかたを定めてきた。「会告」は，人工授精については精子提供を認めている。一方で体外受精については，国内初の体外受精児が生まれた 1983 年から今日（2013 年）にいたるまで利用者を法律上の夫婦に限定し，卵子・精子・受精卵の提供を認めず，代理出産を禁止している。しかし，学会のルールは医師らの自主規制に過ぎず，法的拘束力がない。そのため，一部の不妊治療専門医らは患者の声に応えて独自のガイドラインを

設け，友人や姉妹からの卵子提供による体外受精に踏み切っている。

この間，法律制定へ向けた動きがなかったわけではない。厚生省（当時）は1998年に審議会を立ち上げ，2000年に「優生思想と商業主義を排除する」「人を生殖の手段として扱わない」などの基本的な考え方をまとめた。この議論を引き継いだ専門委員会は2003年に報告書をまとめ，「利用者は不妊症の法律上の夫婦に限る」「卵子・精子・受精卵の提供は匿名の場合に限定する」「営利目的のあっせんは認めない」ことなどを法案のたたき台とした。

しかし，これが法案として提出される見込みはいまだ立っていない。欧州各国や韓国は生殖医療を法律で規制しているものの，アメリカや東南アジアでは卵子・精子の売買が公然と行われ，提供者の能力や容姿に条件をつけて取引されている。そのため，日本人が海外で卵子提供を受けたり代理出産を利用したりするなど，法律がない以上何でもできるという状況が続いている。

遺伝子分野の研究に関する各省庁の指針は，科学的利益に対する人権の優先を謳い，遺伝子の改変を禁止している。また，生殖医療，着床前診断，遺伝子検査に関する学会のガイドラインも，今のところ生命の選別につながる行為を容認していない。だが，生命科学の最先端で人間の尊厳の根幹にかかわる重要な決定が，民主的な手続きを踏んだ法律という形ではなく，一部の当事者や専門家の自主規制に委ねられたままの状態でよいのであろうか。

4　「決め（られ）ない政治」から，科学する民主主義へ

科学技術は，常に進歩を続けている。このことは，その時々で技術的に可能なことと不可能なことがあり，その狭間で何を認めるかという社会的な意思決定が必要なことを意味している。脳死体からの臓器提供が問題となるのは，人工呼吸器が開発されながら完全な人工臓器が開発されていないからであり，選択的中絶の是非が問われるのは，検査技術が確立されていても先天的な障害の治療法が存在しないからである。

社会的な意思決定は，常に政治プロセスの結果である。しかし生命科学と

先端医療に関する日本の政治は，「専門家任せ」「行政頼み」の傾向が依然として強く，国民的議論を踏まえた法制化は遅々として進んでいない。この背景に，医師団体に配慮する行政，法案審議が遅い国会，縦割り行政など，日本の統治機構に内在する「決め（られ）ない政治」の問題も指摘できよう。

　しかし，生命科学の世紀にどのような社会をデザインするかは，「内なる優生思想」と向き合う市民一人ひとりの意識の問題である。米国で男女産み分けを行っている医師は，デザイナー・ベビーの可能性について，「法的に許されれば私たちはやるだろう。これは医学や科学の問題ではなく，社会と政治の問題だ」と答えている（『朝日新聞』2013年7月25日付）。

　生まれくるときに障害を持つ可能性はすべての人にあり，不妊に悩むカップルは10組に1組である。しかし，生命科学・技術のありかたの問題は，多くの人にとって他人事になってはいないだろうか。これらをコントロールする枠組みを，民主的なプロセスで構築すべき時が来ている。

　体系的な法律づくりが当面困難であるとしても，最後に2点，指摘すべきことがある。第1は，健常者と障害者の二分法を乗り越える道筋を広く共有することである。日本は，2006年に採択された障害者権利条約に署名はしたものの，いまだ批准に至っていない。一方，米国や英国では，近年出生前診断でダウン症の可能性が高いと判明しても，出産を選択する人が増えている。さまざまな施策と社会的連帯によって，マイノリティの人々が明るく希望を持って生きていかれる社会を築くことも，政治の重要な役割である。

　第2は，科学技術問題を人々に説明し市民的理解の裾野を広げる科学技術ジャーナリズムの重要性である。専門家が研究の成果を内輪でやり取りするだけでなく，その意義と課題を広く社会に伝達できる人材が求められている。

＜参考文献等＞
・米本昌平・松原洋子・橳島次郎・市野川容孝(2000)『優生学と人間社会』講談社現代新書
・柘植あづみ・加藤秀一編著(2007)『遺伝子技術の社会学』文化書房博文社
・荻野美穂(2008)『「家族計画」への道』岩波書店

3 グローバル化の時代を読み解く

　グローバル化とは，人・モノ・資本・技術・情報などが，国家の枠組み(国境)を容易に飛び越えて往来するようになった世界の状況をいう。現代社会の特徴を捉えるキーワードの一つが，グローバル化にあることは論を待たない。

　グローバル化が顕著になったのは，1990年代以降のことである。その背景には，東西冷戦の終結によって市場経済が世界規模で拡大したことや，情報通信技術が飛躍的に発展し，時間や距離を越えて大量の情報を送受信できるようになったこと，交通手段の発達による移動の容易化などがあげられる。

　① **グローバル化と消費生活**では，1990年代以降に加速したグローバル化を消費生活の面から捉える。国境を意識しなくなった経済活動によって，世界のどこにいても容易に同じ商品を手に入れることができるようになった。その行く着く先は，同じ製品であればどの国で購入しても，ほぼ同一の価格で手に入れることができるようになることであり，同様に賃金や地価も世界で均一化していくということである。グローバル化した国際経済では，国境を越えた資金の流れや決済もその量や頻度が飛躍的に増大する。② **グローバル社会と通貨取引**では，国際間での通貨の取引である外国為替相場の仕組みとその影響を概説し，グローバル化における国際通貨のもつ意味について検討を加えている。

　グローバル化が進展したといはいえ，現実の国際社会は国家を前提として成り立っている。③ **国境線をめぐる紛争**では，そもそも国家と国家を分かつ国境とは何であるのかを明らかにする。そして国境をめぐる紛争について，具体的な事例を取り上げ，その要因や解決の方途について考察を行っている。国家はグローバル化を促進する役割を担うとともに，一方で国家のもつ基盤を堅持する必要性から，その流れに抗する役割を果たすことにもなるのである。国境は国家にとって，地理上の領域としての外部からの侵入を保護する

という重要なセキュリティの役割をもつのである。

 多くの場合，国家は，民族と宗教が異なる人々の間で人為的に形成されてきた。そこでは様々な衝突が生じる。中東地域にはそれらの課題が集積されている。④ **中東地域と民族・宗教・国家**では，解決が世界の悲願となっているパレスチナ・イスラエル問題を中心に，その背景や解決への取り組みを概説している。

 グローバル化によって，国内法や政治制度，経済制度などの国ごとにある様々な垣根は，軋轢を生じながらも，大きな流れとしては低くなってきている。世界に目を向けると，様々な形で地域統合が行われ，その勢いは加速度を増している。⑤ **地域統合の進展**では，世界各地で進んでいる地域統合の実態を概観するとともに，その背景や要因を考察している。また地域統合がもたらす便益について言及するとともに，国家の役割の相対的な低下や各国の国益との間でおこるジレンマ等についても検討を加えている。地域統合に目を向けることで，グローバル化の側面を地球的な規模で把握するとともに，日本の未来を考える重要な視座をもつことになる。

 グローバル化の影響は文化，伝統，慣習，芸術などを含む人びとの価値観やアイデンティティの問題にまで及んでいる。国家のあり方だけではなく，個人のあり方，さらには教育のあり方を含めてグローバル化を捉え，考察していきたい。

① グローバル化と消費生活

1　急成長するファストフードとファストファッション

　ファストフードが好きだ，よく利用するという人は多いことだろう。初めての町で知らない飲食店に入って食事するのには心理的なハードルがあるが，ファストフードならばいつもと同じ感覚で入店できるはずだ。「ファスト」は本来，注文してすぐ料理が出され手早く食事できるという意味であるが，気軽さ，手軽さというニュアンスも出てきているように思われる。一方ファストファッションという言葉もある。ファストフードからの連想で，安価で手軽な衣類を販売する店や産業を指す。こちらは1990年代以降に急成長し，アパレル（縫製加工）産業の主流の地位をあっという間に獲得した。安くて種類が豊富であり品質もよく，何より流行のサイクルを押さえているためそれを着用することがおしゃれですらある。ファストフードと同様に，身構えることなく入店して買い物できる気楽さが伴う。中高生や大学生に聞いてみると，消費行動（お金で財やサービスを購入すること）におけるファストフードやファストファッションの割合は非常に高いことがわかる。

2　ファスト産業の遍在性 ─「世界中どこでも」の意味

　確認しておこう。ファストフードやファストファッションが，とくに若者に好まれる理由はその気軽さ，手軽さにあるが，それらをもたらしているのは価格の安さだけではない。一定以上の規模の都市であればたいてい出店しており，大都市になれば地区ごとに見かけるという遍在性（どこにでもあること）こそが重要である。だからこそ初めての町でも「いつもと同じように」消費できる。初めて海外旅行を経験した高校生や大学生が報告してくれることに「私たちにおなじみのチェーン店やショップが向こうにも普通にあって

びっくりしました」というものがある。「パリにもスターバックスがあるんですね」「ソウルでもH&Mを見かけました」――そのとおりではあるが，きっとフランス人や韓国人が初めて東京を訪れても同じ感想をもつのではないか。日本の若者たちが「国内と同じような感覚で買い物ができる」と感じているのなら，外国から日本にやってくる若者も同様の印象を抱くだろう。さらに考えてみたいことがある。日本の若者は「日本と同じ」というが，スターバックスやH&Mはそもそもどの国の企業であっただろうか。それぞれアメリカ合衆国，スウェーデンである。これは何を意味するのだろうか。

　ある時期までの社会科の学習では，食べ物や衣類など身近なものを取り上げて，これはA国から，これはB国から輸入されるといった事象を確認し，逆に日本からは自動車やゲーム機をさまざまな国に輸出しているなどと紹介して，私たちが「国際化された社会」に生きていることを認識させていた。現在でも，グローバル化の事例を挙げよといわれて「このTシャツはメイド・イン・チャイナです」というレベルで済ませてしまうことがある。それは間違いではないが本質を外しているといわなくてはならない。

3　「無国籍」化するグローバル企業

　1990年代以降に加速したグローバル化を私たちの消費生活の面から考えると，その最大の特徴は，「何が外国で何が国内だかわからないし，そもそもそんなことを考えない」という点にある。マクドナルドやスターバックスを頻繁に利用する人も，ディズニーやコカコーラを愛する人も「これはもともとUSAである」と意識することはほとんどないはずである。H&Mをスウェーデン発祥と知らずに利用する人が多いのと同じように，欧州ではユニクロやMUJI（無印良品の海外でのブランド名）を「JAPANである」と知らずに買いに来る人が少なくない。ニンテンドーやポケモンも発祥の国を知らないファンがかなり多くなった。世界各国で展開する企業は，一般に多国籍企業と呼ばれる。グローバル化の波に乗って世界各地に広がり，前述したよう

に「もともとどの国の企業（ブランド）なのかは考えない」ほどに定着すれば，それは無国籍化といってもよい現象である。わかりやすい例ということでファストフードやファストファッションを取り上げているが，実は想像以上に多くの部分を直接・間接にそうしたグローバル企業に負っている。

インターネットの発達によりユビキタス化（どこにいてもコンピュータ技術の恩恵を受けられるようになること）が促された。同様に，世界中どこにいても同じような水準，同じような質の消費が可能になる。グローバル化後のリアルな姿はこちらのほうであろう。すなわち，人々が意識していないあいだに全地球的な構造の中に飲み込まれていく現象である。だが，「よいものを世界共通で入手できるのだからよいではないか」と単純に思うのは早計である。ここでは，以下の2つの問題を考えてみよう。

4　消費の規格化と，そのグローバル化

産業革命後の社会は，機械により大量生産される商品を消費するという生活形態をもたらした。今日ではそれが当たり前であるが，近代以前には考えられなかったことである。現代では，保存・輸送手段などの飛躍的向上により商圏が著しく拡大し，マーケティングによる市場分析や広告によるイメージの付加など経営技術的な手法も一般化して，「消費すること」自体に価値を見出す消費者が一般的になった。現代では「よいもの」と「人がよいといっているもの」の境界はきわめて不明瞭である。人気商品，売れ筋のアイテム，流行のスタイル……が好んで消費される。これに伴い，20世紀後半以降に生活の規格化と呼べる現象が顕著になってきた。衣食住から娯楽・レジャーにいたるまで，影響力の強い企業が打ち出した商品や，メディアが押し込んだイメージに，人々の消費行動が集約され，全国どこへ行っても同じようなものが手に入る時代になった。伝統や生活環境，気候条件などに規定されていた地域ごとの特色や，家内で手づくりしていたころの創意工夫や独自性はかなり失われている。かつての様態が正しく，規格化された消費文化が誤り

だというのではない。それは多くの人が望んだ結果でもある。資源・環境問題との関係で今では問題視されることも多いPETボトルは，当初は醤油の容器として開発された。それにより，空の一升瓶をもって酒店に行き，量り売りしてもらうことの時間的・体力的なコストから，主に女性が解放された。高機能の紙おむつがどこでも安価に入手できるようになったのは1980年代以降のことである。ここでも女性の家内労働のコストが大幅に削減された。消費化・規格化には当然のこととして大いなるプラスの側面がある。しかし，同じ程度かそれ以上の負の側面もある。地域的特色の消失のほか，不要なものまで購入してしまう無駄な消費の喚起，身近で処理しきれない大量のゴミの発生，農薬や食品添加物など健康安全上のリスクなどは見逃せない問題である。何より，それが真によいものであるか，自分に必要なものであるかを見抜くスキルや，消費者の側の主体性が忘却される危険性を考えておくべきだろう。

　以上のような消費社会の問題は，グローバル化に伴ってそのまま地球化（globalize）される。ファストフード，ファストファッションの例でみたように，それはすでに急速に進行している。そこではプラスの面もマイナス面も地球規模になるといってよい。ただ，国内の場合と決定的に異なることがある。国内であれば，重大な問題が予見されるときまたは発生した際には，国内法に基づいて国家（立法・行政・司法）が介入し，これを規制することが可能である。だがグローバル社会においてそうした規制を行うのは容易ではない。各国の利害が対立すれば国際法は成立しないし，そもそも国際法は国家を制約するものであって，個々の企業に直接はたらきかけるものではない。また，より規制の甘い国に拠点を移動させて生産活動を継続することもありえる。

　20世紀後半，消費化・規格化の進行にともなって国内の地域文化は次々に失われていった。21世紀のグローバル化の中で失われる可能性があるのは，国や民族の文化であろう。これに対しては危機感を抱く人も多く，事態

は容易には作用しないのかもしれない。しかし，現に日本人は欧米風の食生活を相当に取り入れ，衣類一般を「洋服」と呼んでそのことに気づかず，日本らしい風習の多くを失いかけている。問題は，それをやむをえないことと考えてグローバル化の流れに乗るのか，規格化に何らかの抵抗を見せるのかということである。生まれたころからファストフードやファストファッションに包まれている世代が成人しつつある。初めての町で抵抗なく入店できるそれらのよさは，無意識の規格化への抵抗をいっそう低めるということでもある。

5　グローバル化と失われる雇用…

　高校生や大学生とこうした現代社会に関する学習を進めていくと，最後のところで彼らは次のようなまとめをすることがある。「文化が完全に規格化されるのは問題だけど，私はファストファッションが好きなので，うまくバランスをとって発展してほしいです」。消費文化の毒は，自己の消費自体を相対化できなくするという症状を惹き起こすらしい。この発言者のような消費行動が主流になっているからこそ，「バランス」が崩れ規格化が進んでいるというのに。そして，おそらく同じ人がこう言うことだろう「私が就職するころまでには日本の景気がよくなっていてほしいです」。― 世界的に活動する多国籍(無国籍)企業のシェアが拡大すればするほど，国内の雇用が失われていくという当然の結論に気づかないようだ。低価格で流行のツボを外さないからこそ愛好するのだろうが，それはグローバル化の規模のメリットでもある。商品の向こう側に見通せる何かがあるはずだ。「私は規格化された消費を続けたいけど，でも国内で就職したい」という若者たち全員の願望を満たす構造は，残念ながら存在しない。グローバル化が進むほど経済における国境は低まるわけだから，企業はコストの低い海外に生産拠点を移していく。近年の東・東南アジア地域がそうであるように，初めは「先進国」向けの生産基地であっても，雇用と所得が増え，彼ら自身の生活が消費化するにいたっ

て，今度はその地域が消費市場とみなされるようになっていく。「国内で」という願望をかなえようとすれば，自分たちの生活水準（というより消費水準）を抑制しなければならない事態がやがて来るのではないか。

　グローバル化の波に乗って，「途上国」だった国や地域が次々に発展し，その生活が消費化していく。「その先はどうなるのか」という疑問はすぐに浮かんでこよう。産業革命以降の世界は，ほんの一握りの「先進国」が他の大半の地域を経済的に従属させる「垂直分業」の構造をもっていた。日本はその上下関係の「上」に属することができていた。「途上国」と呼ばれる大半の地域を従属させていればこそ，私たちは消費生活を拡大しつづけることが可能だったのである。しかし近年はそのバランスが明らかに崩れてきている。大いに発展しつつあるアジア，アフリカ，ラテンアメリカの人々がみな高度な消費生活を望んだとき，どうなるのか。議論は，自分自身の雇用，「わが国」の文化の継承，他国との競争と共存，資源・エネルギー，そして何より地球環境の保全という大問題など，あらゆるテーマへと広がっていく。グローバル化という言葉はよく知られているものの，ことが地球規模だけに実態を見極めにくく，ともすれば「自分とは無関係の話だ」という先入観を抱きやすい。しかし，私たちの生活そのものがグローバル化の構造の中に絡め取られていることを意識することにより，問題がより切実に感じられるのではないだろうか。

② グローバル社会と通貨取引

1　通貨取引

　定時に放映される平日のテレビニュース（例えばNHK7時のニュースなど）では，必ず「○○日のニューヨーク外国為替市場での円相場は…」などとして円とドル，ユーロとの取引価格が伝えられる。取引価格が大きく変動すると，それ自体がニュースとなることもある。このことは通貨の取引が頻繁に行われており，私たちの生活において，取引価格や交換比率が大きな意味をもっていることを示すものである。海外旅行が身近になった今日，個人が旅行をする際にも，円を外貨に交換する必要から，円の取引価格は気になるところだが，とりわけ企業の取引ではその額も多額となることから，取引価格やその変動が大きな影響を与えることになる。

2　外国為替相場とその影響

　外国為替とは，現金の直接輸送をすることなく，金融機関の仲介によって国境を越えた資金の移動を行うことをいう。商品の輸出入や海外旅行，外国証券や海外不動産への投資など，国際取引の大部分は外国為替を利用して決済される。通貨取引のための市場を外国為替市場と呼び，通貨取引に使用される交換比率を外国為替相場あるいは為替レートという。外国為替では，まず海外にいる相手と，どの通貨で金銭の受取あるいは支払いをするかを決める必要がある。その際の支払い通貨を決済通貨という。ドルで決済される場合には「ドル建て」，円で決済される場合には「円建て」となるが，国際取引で最も多く利用されているのが「ドル建て」である。

　次のグラフは，2004年から2013年にかけての，米ドルと円の外国為替相場における取引価格を示したものである。この間の10年を事例として，為

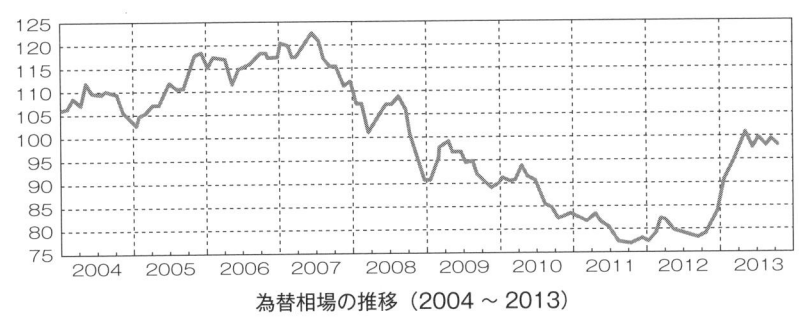

替相場の与える影響を考察してみよう。

為替相場の推移（2004〜2013）

2004年以降，2008年頃まで1ドル100円前後で推移していたものの，2008年以降円高が進み，2012年までの約5年間円高の状況が続いていた。2012年末より急速に円安が進み，数ヶ月の間に約20円(30%)以上の円安水準となった。

円高が企業活動に及ぼす影響

2012年までの円高の局面で，日本の産業はどのような状況に直面したのだろうか。円高は一般に輸出産業には不利になる。現地で売れた製品の代金を円に交換する際に，円での収入が減じてしまうからである。そこで企業は，収入の目減りを防ぐために海外に工場を建設するなど海外進出を促進することになる。実際にこの期間，多くの日本企業が日本から距離的に近く労働力が安い，アジア諸国に活路を見出した。その結果，日本国内の雇用が失われ，輸出が減ることになった。

一方，自動車大手のような一部の企業は，生産，開発のノウハウを残したり，国内雇用を維持したりするために国内生産を守ろうとするが，円高に抗し，海外での競争力を確保するためには生産コストを下げる必要がある。そこで，自動車大手はコストの安い海外部品の調達を，アジアなどからの輸入に頼ることになる。こうしたことから，国内生産の確保(＝輸出の確保)するために，部品産業の海外流出を招くという隘路に陥ってしまうのである。

円安が企業活動に及ぼす影響

次に円安の影響を考えてみよう。円安になることで，海外に事業を展開す

る企業の輸出産業の業績好調が見込まれることになる。2012年末より急速に円安が進んだが，その直後の2013年3月期の経常利益の改善額をみると，海外展開をする企業に幅広く恩恵をもたらすことになった。トヨタ自動車を例にあげると，2012年4〜9月期決算で，1100億円の減益要因だった円高が，円安になったことで300億円の増益要因に転じたと報じられた。他方，燃料や食料品などの輸入産業においては，採算が悪化することになり，販売価格への転嫁を余儀なくされるか，合理化によって価格の上昇を抑えるなどの努力を強いられるようになったのである。

日本の貿易と為替変動

為替変動の影響をさらに詳しく知るために，貿易に関するデータをもとに考察してみよう。

2011年の日本の貿易総額は，16,786億ドルとなっており，このうち輸出総額は8,232億ドルである。輸出品目のうち機械類，輸送用機器が全体の約58%を占め，次に工業製品（約13%），化学製品（約10%）が続いている。こうしたことが，上記（円高による自動車産業等の収益改善）につながっているのである。一方，輸入品目の1位は，輸入総額の約32%を占める鉱物性燃料となっている。円安によって原油高になり，電気料金などが上昇し，日常生活にかかるコストが増えるというマイナス側面の根拠となっているのである。

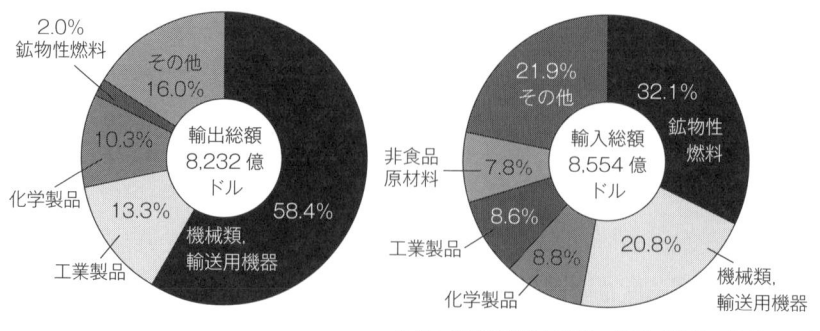

出典：総務省統計局編集・刊行「世界の統計2013」

3 為替相場変動の要因

　外国為替相場は，市場の需給関係で決定する。具体的には実需取引と投機取引，さらに中央銀行の行う市場介入が為替需給を形成する。実需取引としては製品や商品，サービスの輸出入，投資などによる資金移動が挙げられる。例えば日本の輸入企業は，輸入する際に円をドルに変換することになるので，ドルに対する需要者となる。日本国内の輸出業者は，代金をドルで受け取り円に交換するため，ドルに対する供給者になる。輸出が超過する場合にはドルの価値が下がり（＝円の価値が上がり），輸入が超過する場合にはドルの価値が上がり（＝円の価値が下がり），輸出入のバランスが取れた為替レートに落ち着くことになる。

　しかし現実には，貿易赤字や貿易黒字が継続的に続くことがある。輸出入に伴う通貨取引だけではなく，資産運用や為替そのものに対する投機によって，為替レートが変動することになるからである。例えば，米国の金利が上がると見込まれれば，ドルの需要が増え，その結果ドル高・円安となる。

　中央銀行が外国為替相場に影響を与えるために，自らの通貨と特定の通貨（通常はドル）の売買を外国為替市場で行うことを市場介入という。市場介入には，一国で行う単独介入と関係国が協力して行う協調介入がある。為替相場の変動が急激であったり，経済の基礎的な条件からの乖離が大きいと判断されたりした場合に，中央銀行の介入が実施されてきた。

　2012～13年の急激な円安の事例では，2012年12月に発足した第2次安倍政権が，中央銀行と緊密な連携をとり，大規模な公共投資や大胆な金融緩和政策を行うのではないかとの期待があった。金融緩和とは市中の通貨流通量を増やすことであり，そのために低金利政策をとったり，中央銀行が国債を買い取ったりすることになる。金融緩和政策が行われると，円の貨幣としての価値は下がり，円安になるというのが原理的な解釈である。

4 経済のグローバル化による市場の拡大と脆弱性

　現代はグローバル社会といわれるが，その定義は内閣府によれば「資本や労働力の国境を越えた移動が活発化するとともに，貿易を通じた商品・サービスの取引や，海外への投資が増大することによって世界における経済的な結びつきが深まることを意味する」とされている（平成 16 年度「年次経済財政報告」内閣府）。このような状況が顕著になったのは 1990 年代以降のことで，その背景には，東西冷戦の終結によって市場経済が世界規模で拡大したことや，コンピュータを通じた情報処理，インターネットなどの情報伝達の技術革新（IT 革命）によって情報ネットワークが拡がったことがある。

　経済のグローバル化は，安い労働力や大きな市場を求めて，海外に進出する企業の動きを活発化させることになった。また，マネー経済といわれる株式や債券，預貯金など，お金だけで市場に参加し，利益や損失を生み出していく経済活動も世界規模で拡大することになった。ヘッジファンドと称される先物取引を組み合わせた複雑な金融商品が生み出されるなど，巨大な金融市場が形成されるようになった。

　経済のグローバル化による参加者間の相互依存性の高まりは，市場の拡大というプラスの面をもたらすとともに，脆弱な面も併せ持つことになる。他国や他地域の経済状況に対して敏感になり，一国の経済危機に伴う信用不安が全世界に影響を与えることになるのである。2010 年頃に発生した，アイルランド，ギリシャ，スペイン，ポルトガルなどでの欧州経済危機は世界経済を揺さぶることになった。2013 年には，地中海の小国キプロスの経済危機に世界が注視することになった。一国の経済危機は対岸の火事では済まされなくなり，危機の連鎖を招くようになったのである。

5 経済のグローバル化と基軸通貨

　グローバル化した国際経済では，国境を越えた資金の流れや決済が頻繁に

行われることになる。通貨取引において，他国との通貨と容易に交換が可能な中核的機能を果たす国際通貨は，基軸通貨とよばれている。19世紀半ば以降，いち早く産業革命を成し遂げたイギリスの通貨であるポンドが基軸通貨とされてきたが，第一次世界大戦以降，次第に基軸通貨はポンドから米国のドルに移行していった。第二次世界大戦後も米国の圧倒的な経済力や軍事力を背景として，また金1オンスを35ドルと定めた金との交換（金兌換）を保障したこともあり，ドルは強い信認をもった基軸通貨とされてきた。そのもとで，日本を含む西側諸国が国際経済を発展させてきた。しかし1960年代になると，米国の経済的優位が相対的に弱まってきたことや，多額の軍事支出などを要因として，貿易赤字や財政赤字に見舞われるようになる。1971年には，米国は金との交換停止を余儀なくされ（ニクソンショック），その後日本を含む主要国は，固定相場制から変動相場制に移行することになった。以降各国通貨の交換比率である為替レートは，外国為替市場で決まるという制度が採用されている。

その後も米国ドルにかわる基軸通貨は見あたらず，アメリカという一つの国の通貨，米国ドルが基軸通貨としての役割を果し続けてきた。1999年にはヨーロッパ12カ国で単一通貨ユーロが導入され（2002年流通開始，2014年1月現在18カ国が導入），将来的に米国ドルに匹敵する基軸通貨になるとの見通しや期待もあった。しかしながら，外国為替市場の通貨別取引額をみると第1位が米国ドルで85%，第2位がユーロで18%，第3位が日本円の6%となっており（国際決済銀行による1日あたりの取引額，2010年4月），米国ドルの国際通貨として地位は，他の通貨を圧倒しているという現状がある。

グローバル社会の進展は，各国の様々なシステムやルールを共通化しようとする流れでもある。通貨もその例外ではないだろう。しかし各国通貨はそれぞれの国家の枠組み（税制，社会保障等様々な仕組み）のもとで発行されており，各国間で経済力も異なっているため，通貨の統一は容易ではない。ユーロを生んだEU諸国の経済発展と安定はその試金石でもある。

③ 国境線をめぐる紛争

1　海上国境の日本と異なるヨーロッパの国境

　2009年のこと，ベルギーのある民家で女性の死体が見つかった。地元の警察は夫を疑ったが決め手がない。今，この難事件の捜査にあたるのは隣国オランダの警察である。改めて現場検証をしたら，死体があった寝室はオランダ領と判明したからだ。なぜこんなことが起こるのか。12世紀の領主間の領地紛争の名残で，オランダ南部のバールレ・ナッサウ村には22のベルギーの飛び地（バールレ・ヘルトフ村）があり，飛び地のベルギー領内に7つのオランダの飛び地領がある。ジグソーパズルのように領土は複雑に入り組み，国境線が民家や商店，道路，畑を貫く。国境線を跨げば法律も変わる。駆けつけた警官は，事件や事故が「領外」とわかれば「相手国」に通報する。祝日も別々。建物が両国を跨ぐ場合は「正面玄関がある方に帰属する」という慣習があり，伝統的に税率の安いオランダ側に入り口を設けた店が多い。とはいえ国境の検問所があるわけでもなく，言葉は同じオランダ語で通貨も共通のユーロ。「ひとつのヨーロッパ」を目指す姿が垣間見られる。住民の生活もいたって平穏。むしろ「国境の村」として観光客を集め，人と物が行き交う経済拠点となっている。

2　国境の定義

　それでは国境とは何か。その見方や捉え方は論ずる人によって多様であるが，野村甚三郎によれば次のように整理できる。第一に，現実の目に見える国境,すなわち地理上の領域としての国境である。その国境線によって領土・領海・領空が区切られる。領域としての国家は，第一に生命の安全，外部侵入からの保護というセキュリティの機能を果たす。そして人々に生活の基盤

としての居住地を与え，食糧生産の基盤や地下資源なども供給する。

第二の国境は制度である。主権（独立した最高の権力であり，統治権のこと）が及ぶ範囲である領域が画定するとガバメントが形成され，それによって統治のための法が敷かれ，政治制度や経済制度が整っていく。他国との交渉において障壁となる制度，これもまた国境であって，経済上いわゆるグローバル化と言われる現象は，この制度としての国境において生じている。

第三の国境はアイデンティティである。その国の制度にはその国の文化・伝統・慣習・価値観などが背景にあり，それらはその民族や国民のアイデンティティを反映したものである。それ故それは，現実に肉眼で捉えられる「領土」や，ヒト・モノ・カネの動きを制限する「制度」のように，外部にある国境ではなく，人間の内部にひそむ国境であり，例えば，移住者が異なる文化と接して経験する「精神の国境」などが良い例であろう。

3 国境線をめぐる紛争の事例

国境線をめぐる紛争とは，国境線をめぐって関係国間に生ずる国際紛争のことである。これから，その代表的な2つの事例を見ていく。

まずは，ヒマラヤ山脈における中国とインドの国境未画定地域の問題。中国とインド

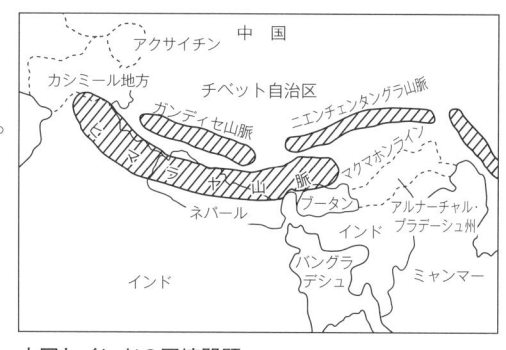

中国とインドの国境問題

の国境は，ヒマラヤ山脈に沿う格好になっている。そして，ヒマラヤ国境線は，団子の串刺しのような形で，中間部分にネパール・シッキム（後にインドに併合され消滅）・ブータンが入り，両端で中国とインドが接するという形になっている。このヒマラヤ山脈の国境は，大まかなものは定められていたが，明確な線引きはされていなかった。つまり，国境ははっきりと決まっ

ていなかったのである。

　それまで，国境として考えられていたのは，辛亥革命後にチベットとイギリス領インドの間で決められたマクマホンラインだった。だが，中国側はもともとこのマクマホンラインを認めていなかった。

　そのため，1959年，ついにこの国境線をめぐって中国とインドは武力衝突した。焦点となったアルナーチャル・プラデーシュ州は軍事上の重要な拠点であり，高地にあるためにこの地を押さえれば相手ににらみを利かせることができた。また，毛沢東の中華人民共和国が成立した後のことでもあり，中国にとっては国家の威信をかけた争いであったようである。

　この紛争は，3年間続いて，中国有利で終結した。その結果，アルナーチャル・プラデーシュ州の境界は以前のマクマホンラインに戻されたが，中国はカシミール地方の一部，アクサイチン地方を手に入れた。

　しかし，紛争が終わっても両国の関係は依然として悪く，国境画定作業はなかなか進まなかった。今でも3000kmが国境未画定地域となっている。

　2つめは，スプラトリー（南沙）諸島領有問題。東南アジアの南シナ海にあるスプラトリー諸島は，東はフィリピンのパラワン島とマレーシアのカリマンタン島，西はベトナムの間に点在する大小100を数える島である。島といっても多くは岩礁で，その大半が満潮になると海面下に水没してしまう。領有権は，中国，台湾，ベトナム，フィリピン，マレーシア，ブルネイが主張している。

　各国がスプラトリー諸島の領有に強い意欲を見せる理由は，大きく2つ考えられる。ひとつは，島周辺にさまざまな資源が存在していることである。島々はどこも水深200メートル以下の大陸棚で，豊かな漁場になっている。加えて海底には石油や天然ガスが眠っている可能性が高く，島の領有権を得れば利益は莫大なものになる。また，マラッカ海峡から南シナ海にかけての海域は海洋貿易の要衝であるから，一帯を抑えることで貿易を優位に展開できる。

スプラトリー諸島は，領有権を主張する各国の沿岸からほぼ等距離の場所にあるという事情もあって，地理的位置関係からどの国が領有すべきかを判断するのはとても難しい。

4　国境線をめぐる紛争の要因

　国境線をめぐる紛争を概観すると，その背景には当事者の利害が絡む。参戦目的として，たとえ平和維持や人道主義を掲げたとしても，何かしらの利害の追求を秘めていることが多い。どんな国も国益を追求しなければならず，紛争は国益と国益との衝突ともいえる。そのため国益はときとして，他国には損害になっても自国には利益になればよいというエゴイズムに発展する。

　領土については，たとえ広大な領土のある国にしても，一坪ほどの土地さえ譲らないのである。また，その地域に天然資源が埋蔵されていることが確認されると，周辺国でそれまで全く領有権を主張しなかった国も領有権争いに加わってくる。

　このように，紛争の特徴を要因の面からみると，第一に国益の追求をあげることができる。

5　解決された問題の事例とその解決手段

　まず，解決された問題の事例を見ていく。はじめに，南米ペルーとエクアドルの国境紛争。両国は半世紀以上にわたって国境紛争を繰り返し，1995年には国境地帯のコンドル山脈ジャングルの帰属をめぐって両軍が衝突した。しかし，両国が粘り強い対話を重ねた結果，1998年に平和協定が締結され，現在は国境沿いの係争地帯を自然公園として共同管理している。

　次に，中国とロシア・ソ連の国境紛争。両国は長らく国境をめぐって対立。武力衝突も繰り返してきたが，最後に残った大ウスリー島，中国名は黒瞎子（ヘイシャーズ）島の分割で両国の国境は画定し，2008年に議定書が交わされた。両国は第一段階で交渉方式の原則を確認，第二段階で話し合いが困難

な箇所を後回しにして合意可能なところから解決に向かい，第三段階では残された困難な箇所についてフィフティ・フィフティの政治判断で妥協した。ロシアは，近年このような係争地の面積を2等分する方式で，カザフスタンとの国境や，ノルウェーとの海域の画定を解決してきた。

さらに，マリとブルキナファソの国境紛争。両国は北アフリカの乾燥地域に位置し，ともに1960年の独立以前はフランスの植民地であった。植民地時代から境界線がはっきりせず，独立後も国境線は不明確な部分を残していた。1980年代に両国の紛争地域で軍事衝突が発生したが，仲介によって当面の停戦は確保された。1983年に裁判付託協定を結んで，国際司法裁判所に解決を任せた。やがて裁判所の判決が出ると，両当事国の首脳は裁判所の努力に敬意を表し，その判決を積極的に履行していくことを表明した。

以上を踏まえて，紛争の解決手段を考えてみると，武力行使，外交交渉，司法的解決などが挙げられる。武力行使とは戦争による解決であるが，これは根本的な解決にはならない。なぜなら戦争の勝者が敗者の領土を奪うことが多いが，その場合，敗者は納得せず奪われた領土の返還を求めるからである。そこから，また新たな領土問題が生まれ，場合によっては敗者が武力行使を準備する事態にもなる。ドイツとフランスの間で戦闘が繰り返されたアルザス・ロレーヌ地方が良い例であろう。

外交交渉は話し合いによって解決を図ることで，紛争当事者が独断・独善的にならずに，誠意をもって粘り強く対話を行っていくことが重要である。

司法的解決とは国際司法裁判所に解決を委ねることであるが，紛争の当事国の双方が，これに同意する必要がある。しかし，国際司法裁判所は裁判所の利用を強制する力はない。したがって，紛争の当事国の一方が裁判所の使用を拒否すれば，この手段での問題の解決はない。たとえば竹島をめぐる問題では，日本は国際司法裁判所での平和的解決を提案しているが，韓国は国際司法裁判所の利用を拒絶している。

6　国境線を読み解き，問題を捉える視座

今までの記述に含まれているものに加えて，さらに次の視点を挙げておく。

(1) 「領土」とか「国境」といった概念は，近代国家が形成される過程で登場してきたものに過ぎない。国境地域には，それ以前から営まれてきた伝統的な生活があった。そこで暮らす住民の生活圏は，国家固有の領土と違って，必ずしも他国民を排除するものではない。たとえば，沖縄漁民の生活圏が，台湾漁民の生活圏と重なり合っても問題にならず，沖縄の漁民が台湾漁業の振興に貢献して顕彰されたり，台湾の農民が石垣島に移り住み，パインや水牛を持ち込んで根づかせたりした。ここに国境がなかった頃は，この地域には共通の生活圏が作り出されていたのである。

(2) 自然環境は複雑であるが，動物にはそれぞれに適した生活の場があって，それを「棲み分ける」ことで互いの争いを避け，生命の安全を保持してきた。この「棲み分ける」ということは，紛争を回避する手段として人間の世界においても有効であるかもしれない。この2世紀間，棲み分けるために人々は戦い，自前の国家を次々に造ってきたからである。

(3) また，カナダ（ケベック州）のように分裂よりは共存する方向や，前述のEU（ヨーロッパ連合）のように「ひとつのヨーロッパ」へ統合する方向なども考えられる。

＜参考文献等＞

沢村　互「バールレ・ヘルトフ村から」朝日新聞朝刊，2012年9月24日付
野村甚三郎著(2008)『国境とは何か』芙蓉書房出版
武田知弘著(2008)『教科書には載っていない！ワケありな国境』彩図社
高橋和夫・川嶋淳司著(2011)『一瞬でわかる　日本と世界の領土問題』日本文芸社
岩下明裕編著(2006)『国境・誰がこの線を引いたのか：日本とユーラシア』北海道大学出版会
金子利喜男(2009)『世界の領土・境界紛争と国際裁判　第2版』明石書店
新崎盛暉・岡田充・高原明生・東郷和彦・最上俊樹著(2013)『「領土問題」の論じ方』岩波書店

④ 中東地域と民族・宗教・国家

1　ユダヤ教からキリスト教，イスラム教へ

　イスラエルのエルサレム旧市街には，約1キロ四方の場所にユダヤ教（嘆きの壁），キリスト教（聖墳墓教会），イスラム教（岩のドーム）の3つの聖地が隣接している。それは偶然ではなく，3つの宗教が，唯一神・ヤハウェがアブラハムを人類救済のために選んだ預言者であるとしたことや，いずれもセム語族（ヘブライ語，アラビア語など）に起源があることが共通点である。

　ユダヤ教は，古代オリエント文明時代に発生した世界最古の宗教のひとつで，キリスト教やイスラム教の源となった。紀元前2千年初頭，遊牧民アブラハムは神からカナン（後のパレスチナ）を与えるとの契約を受けた。その後，彼の孫ヤコブは，飢餓を逃れてエジプトへ移住したが，ユダヤ人は奴隷となって苦役を強いられた。そこで預言者モーゼが出現してエジプトを脱出し，シナイ山で神から十戒を授かって契約を結んだ。ユダヤ人は，唯一絶対の神（ヤハウェ）から選ばれた特別の民であり，神から与えられた律法を，生活の中で厳格に守れば救済されるとの選民思想が芽生えることになった。そして，ユダヤ人は，カナンに定住して紀元前1千年頃，ユダ族出身のダビデが王となって大帝国を建設し，エルサレムを首都に定めて繁栄した。しかし，紀元70年のエルサレム攻囲戦でローマ軍に滅ぼされ，その時に神殿は破壊されて西壁だけが残った。これが「嘆きの壁」であり，そこに灯る6本のトーチ（ろうそく）はナチス・ドイツによるユダヤ人大量虐殺（ホロコースト）で犠牲になった，600万人にもおよぶ人々を象徴するものとなっている。1948年のイスラエル建国まで，約2千年に渡ってユダヤ人は「流浪と迫害」の歴史を背負うことになったのである。

　キリスト教は，ユダヤ人・イエスを救世主とする世界最大の信者数を誇る

宗教である。イエスは，ユダヤ民族のみを救いの対象とするユダヤ教を批判し，紀元30年頃にゴルゴダの丘で十字架にかけられて処刑された。イエスの死後，弟子たちの普及活動によりローマ帝国で国教化され，その後，東西に分裂したので，ローマカトリック教会，東方正教会に分かれて独自に発展した。また1517年の宗教改革により，ローマカトリック教会からプロテスタントが独立した。なお，イエスが十字架に架けられて処刑された場所であるゴルゴダの丘と，彼の遺体が埋葬されたものの，死後3日後に復活したとされている墓がある建造物が聖墳墓教会である。

　紀元610年，預言者ムハンマド（マホメット）がアラビア半島のメッカで唯一神アッラーの預言者として提唱した宗教がイスラム教で，キリスト教に次ぐ信者数を抱えており，その信徒はムスリムと呼ばれている。彼らにとって『コーラン』は神の言葉そのものであって，社会生活のすべてを律する最も重要な行動の指針となっている。特にムスリム（イスラム教徒）が取るべき信仰行為として定められた五行の中には，イスラム教最大の聖地でカーバー神殿があるサウジアラビア・メッカの方角に，1日に5回礼拝を行う礼拝（サラート）やメッカへの巡礼（ハッジ），イスラム歴のラマダン月の日中には飲食を禁じる断食（サウム）などがある。また，岩のドームはムハンマドが，天使ガブリエルに導かれて昇天した場所だとされており，メッカ，ムハンマドの墓があるメディナに次いでイスラム教・第三の聖地とされている。ムハンマドの死後，預言者ムハンマドのいとこで娘婿のアリーと，その子孫を指導者とみなすシーア派と，指導者の血統を問わないスンニ派に分かれ，後者はイスラム教徒の中で約9割が所属している最大宗派で，前者の割合は1割前後だが，イランでは最もその割合が高く国教となっている。

2　「流浪と迫害の歴史」を背負うユダヤ人

　ローマ帝国の支配下で迫害を受けていたキリスト教は，紀元313年のミラノ勅令によって公認され，392年には国教化されるなど伸張した。特に絶大

な権力を誇った中世ヨーロッパ社会において，イエスを処刑に追い込んだ民族としてユダヤ教が迫害を受け，当時のヨーロッパ人口の約3分の1から2に相当する死者が出た1348年の黒死病（ペスト）大流行の際には，ユダヤ人がその菌を持ち込んだとして非難された。

またユダヤ人は，土地所有が認められなかったことなど様々な制約を受けていたので都市清掃人，皮なめし屋といった低い境遇の職業に就かざるを得ない状況にあった。他方，当時のキリスト教社会で忌み嫌われていた金融業に参入して，財を成すもの者も現れた。特にシェイクスピアの作品『ヴェニスの商人』は，強欲で悪名高い金貸しのユダヤ人シャイロックが題材となっており，ユダヤ人に対する偏見がさらに流布することになった。

ヨーロッパ社会において，初めてユダヤ人の権利が認められるようになった契機は，自由・平等・博愛を標榜する1789年のフランス革命であった。しかし，ミュージカル『屋根の上のバイオリン弾き』で取り上げられているように，特に帝政ロシア期には，「ポグロム」と呼ばれるユダヤ人に対する集団暴力が，ロシアや東ヨーロッパで頻発しており，1890年から1924年の排日移民法（ジョンソン＝リード法）によって移民規制が厳しくなるまで，約300万人のユダヤ人がアメリカへ自由を求めて移民として大西洋を渡った。彼らの多くは，ニューヨークを中心とした地域に独自のコミュニティを形成し，金融やマスコミ，映画産業などに進出して政治的にも大きな影響を持つようになった。

3　イスラエル建国に伴うパレスチナ紛争の発生

第一次世界大戦が始まると，イギリスはトルコの支配下にあったアラブ人からの支持を得るため，1915年に彼らのパレスチナ居住を認めるフサイン・マクマホン協定，一方1917年にはパレスチナにユダヤ人国家の建設を支持するバルフォア宣言を発し，パレスチナ紛争の要因を招いた。

第二次世界大戦終了後，全世界に拡散していたユダヤ人には，約束の地エ

ルサレム・シオンの丘に自分たちの国家を再建するシオニズム運動の機運が高まった。1947年11月29日，パレスチナ分割決議案が国連で決議されたが，アラブ国家は一斉に反発した。翌年1948年5月14日に，イスラエルは国家独立宣言を行ったので同日，アラブ連盟5ヶ国は戦争を宣言してパレスチナに侵攻して第一次中東戦争が勃発した。当初，アラブ側が優勢であったが，アメリカ・イギリスの支援からイスラエル側が次第に優勢になり，停戦が成立した。その結果，ガザ地区はエジプトに編入された。しかし，聖地「嘆きの壁」があるエルサレム東部はヨルダン，旧市街を含まない西部をイスラエルが領有し，中間を国連が監視する非武装中立地帯としたのでイスラエル側からも不満は残った。

その後，第三次中東戦争（六日戦争）で，イスラエルは聖地「嘆きの壁」があるエルサレム東部をヨルダンから奪い，第四次中東戦争では，アメリカの軍事的支援を背景にしたイスラエル軍が圧倒した。そこでアラブ諸国は，イスラエルを援助する西側諸国に対して，石油戦略を展開して第一次石油危機（1973年）を引き起こすことになった。

4　中東和平への試み

イスラエル国防軍参謀総長として第三次中東戦争を指揮したイスラエル首相ラビンと，パレスチナ解放機構（以後，PLO）議長アラファトが，1993年のオスロ合意，1994年にはヨルダンとの平和条約に調印し，その功績により，1994年のノーベル平和賞をイスラエル外相ペレスと3人で受賞した。しかし，ラビンは1995年のテルアビブ和平集会で，和平反対派のユダヤ人青年によって暗殺され，アラファトは，非PLO系の組織で過激派ハマスを主導とするパレスチナ住民蜂起（インティファーダ）により，穏健派としての立場が危うくなって人気が低下し，2004年に病死した。

なお，オスロ合意によってパレスチナ暫定自治政府が発足して，アラファトが率いる穏健派組織ファタハが政権を掌握した。しかし，アラファトの後

継者アッバス議長と，過激派ハマスとの対立が激化して，ハマス率いるガザ地区とファタハ率いるヨルダン川西岸地区が分裂状態となっている。2012年11月の国連総会で，パレスチナを「オブザーバー国家」に格上げする決議案が承認されて，国連で「国家」の扱いを受けることになった。それまではPLOという「組織」としてのオブザーバー資格であったので，国家独立を悲願としてきたパレスチナ住民にとって朗報となった。

5　イラク問題と国際社会

　豊富な石油資源に恵まれたイラクは，1990年代以降，2度にわたってアメリカを中心とする勢力との大規模な戦争を経験した。その過程で長期独裁政権が倒されたが，国内の混乱や対立はむしろ悪化して，今もなお治安を十分に回復できないままでいる。

　イラクは，スンニ派とシーア派の宗教対立，アラブ人とクルド人の民族問題など，国内に対立の火種を抱えていた。1979年に大統領に就任したフセインは，石油の国産化によって資金力を集中させ，経済振興に努めるとともに，秘密警察などを駆使して独裁体制を確立し，そうした対立の芽を強権的に抑えていた。しかし，イランとの戦争は勝利を得られないまま終結した（1988年）。その後，東西冷戦も終結して世界の勢力バランスが変わると，隣国クウェートへの侵攻を決行した（1990年8月）。これに対して国連安全保障理事会は，イラクへの即時撤退要求を決定し，多国籍軍が編成され，1991年1月イラクへの空爆を開始した。多国籍軍は，圧倒的勝利をおさめてクウェートを解放し，3月に停戦を宣言した（湾岸戦争）。終戦に際してイラクが約束した大量破壊兵器の不保持について，当初はその査察を受け入れていたが，2001年に就任したブッシュ・アメリカ大統領は，査察に対するイラクの非協力的な姿勢を問題視した。ブッシュ政権は，大量破壊兵器の存在を断定し（イラク戦争後に誤りであったことが判明した），国連安全保障理事会の同意を得て軍事制裁を発動しようと考えたが，フランス・ロシアなど

常任理事国の中にも反対する国があり，また国際世論も必ずしもアメリカに同調しなかった。しかしブッシュ政権は，アメリカを支持するイギリスなどとともに，2003年3月，イラクへの空爆を開始した（イラク戦争）。日本の小泉首相はいち早くアメリカへの支持を表明した。5月に戦闘終結宣言が出され，フセイン政権は倒れたが，もともと複雑な対立構造をはらんでいた社会はかえって混乱し，自爆テロなどが頻発することとなった。イラクに駐留していたアメリカ軍が，オバマ大統領が2011年12月に戦争の終結を宣言したことに伴って撤退すると，治安の回復はさらに困難になった。

6　「アラブの春」とその後

　イラクの事例は，民族・宗教問題に石油資源の利権が絡み，そこに国際情勢が関係したものと考えられる。中東問題への理解が難しいのは，常にそうした複雑な要素がはたらいているためでもある。1990年代にアフガニスタンを支配したタリバンや，2001年9月にアメリカで同時多発テロ事件をひき起こしたアル・カイーダなどのイスラム原理主義勢力が，冷戦終結後に各地で一定の力を得たこともあり，ときにはイスラム教自体への偏見がふくらんで，さらに対立を煽るというような事態にもつながっている。

　一方，2011年1月に，23年間続いたチュニジアのベン・アリ政権が倒れると（ジャスミン革命），近隣のエジプト，リビア，イエメンなどに連鎖して，いずれも長期政権が崩壊した。一連の政変劇は「アラブの春」と呼ばれ，民主主義がなかなか根づかなかった中東地域にも大きな変化の兆しかと観測された。各国での政変において，ソーシャル・メディアを介して人々が連帯し，自発的な行動へとつなげていったことも，IT化時代の新たな動向として注目された。ただ，民主化の連鎖はいったん収束し，最大の産油国サウジアラビアやペルシア湾岸諸国などでは権威的支配が継続している。また，シリアでは独裁政権と反政府勢力が激しい内戦に突入し，国際社会の支持も分かれて，混迷を深めている。

⑤ 地域統合の進展

　現在そして近未来の世界を展望して，グローバリズム，リージョナリズムという2つの概念を示すことがある。全地球の一体化を促す論理である前者に対して，後者はふつう国家より広く大陸より狭い程度の「地域」の統合という意味合いを含むものとされる。ただ，国家の果たすべき役割が相対的に縮小し，国と国とを隔てていた国境が心理的にも実質的にも低くなるという点で両者には共通点もみられる。いま世界のあちこちで進んでいる，リージョナリズムにもとづく地域統合の動向を具体的に見ていくことは，全地球的な動きを理解するための有力な補助線になる。そして，日本社会や日本人もすでにその大きな波に洗われているという事実を，あらためて確認することになるだろう。

1　ASEANの挑戦

　日本人にとって東南アジアのイメージは世代ごとに異なるかもしれない。かつてはアジア・太平洋戦争の戦場となり，戦後は東西対立の図式がこの地域に持ち込まれて分断が長くつづき，ベトナムやカンボジアでは諸外国の大規模な介入もあって戦乱が長期化した。しかし豊かな天然資源や日本などの消費市場への近接性に恵まれたこの地域は，経済に関してはもともと大いなる可能性を秘めていた。すでに冷戦期からシンガポールやマレーシアの工業化が進んで新興勢力として成長をはじめていたが，大きな転機は1990年代に訪れる。東西冷戦が終結して，社会主義陣営に属していたベトナム，カンボジア，ラオス，ミャンマーが，元来は西側の同盟であった東南アジア諸国連合（ASEAN）に加入し，東南アジアが1つの「地域」としていよいよ実質をもつようになったのである。それはグローバル化の本格化，そして中国やインドの急成長の開始とほぼ同じタイミングであった。東南アジアは歴史的に

も地理的にも文化的にも，東アジア・南アジアとの強い関係のもとで発展してきた経緯がある。また，民族・言語・宗教などの多様性が大前提であり，そうした相違を含み込んで相互交流してきた経験も豊富である。それらの諸条件が，グローバル化の時代には追い風になったと考えられる。1990年代後半には大きな金融危機が発生し，東南アジアは試練に立たされた（この金融危機は韓国や日本の経済にも波及して深刻な打撃をもたらした）。だが，中国・インドの経済成長がそのあとの2000年代にいっそう顕著になったこともあり，それに連動して東南アジアにおける工業生産が活発化した。また所得水準の向上や社会の成熟につれて，なお不十分な面はあるものの政治的な民主化がいくつかの国でみられていることは，将来のさらなる発展を予期させるものにもなっている。

　ASEANは，2015年に地域統合を果たすことで合意している（2007年 セブ宣言）。後述する欧州連合のように，市場統合を通貨統合にまで発展させうるのか，域内の雇用・移動の自由化を果たせるのかなど，現時点で必ずしも明らかになっていない点も多いが，欧州にはない特徴もある。西欧諸国は，どちらかといえば単一のナショナル・アイデンティティを強く打ち出すことで国民統合を果たした。対して東南アジアは，どの国をとっても多民族・多言語・多宗教という状況を隠しきれないまま国家建設を進めなければならなかったため，アイデンティティの並存や「異質なもの」との向き合い方により習熟している。この地域の大半が，20世紀前半まで欧米諸国の植民地支配を受けていた。マイナス面もあるのだが，欧米流のシステムが社会の上層に受け継がれているため，国際社会と有利に渡り合うための素地がある。ASEAN加盟国のうちマレーシア，シンガポール，フィリピンは旧宗主国の関係で英語が公用語（の1つ）になっている。このこともあってASEANの作業言語（working language）は英語である。欧州連合が加盟国すべての公用語の並存を建前としていることと比べても言語面でのシンプルさは際立っている。グローバル時代にあって，社会の上層が英語を共有することの意味

は当然大きい。

2　アフリカ連合の可能性

　ASEAN や後述の EU に比べると日本での知名度は低いものの，近年，アフリカ連合（AU）の存在感は非常に大きなものになっている。これはかつてアフリカ統一機構（OAU）という国際機構であったが，2002 年に EU をモデルに改組されたもので，すでに安全保障や人権保障の分野では実績を上げており，将来の市場・通貨統合，さらには政治統合をも視野に入れている。現在，アフリカ大陸とその属島にある主権国家のうち，モロッコをのぞくすべての国家が加盟している（モロッコが加盟を拒否する理由となっているサハラ・アラブ民主共和国も加盟国となっている。この「国」は日本政府などは未承認である）。

　地理的あるいは精神的な距離の遠さから，日本人の「アフリカ」に対するイメージはきわめて貧弱である。砂漠，熱帯雨林，野生生物，貧困，飢餓，内戦，そして他の大陸に関してはあまり用いない「部族」という用語を頻出させたりもする。広大な大陸を，ワンパターンのステレオタイプで捉えることの問題点は指摘するまでもなかろう。だが，21 世紀に入ってから最も経済成長率の高い地域はアフリカなのである。従来からの風土や文化の多様性を保持しつつも，都市部の生活様式は相当に欧米化され，何よりも経済活動において「グローバル化」の中に完全に包摂された。アフリカの経済発展を支える一つの要素が豊富な天然資源である。従来からの金やダイヤモンド，銅，ニッケルなどに加えて，電子機器などに不可欠なレアメタル（稀少金属）の産出もあり，目下のところはこれらの資源をかつてのように収奪されるに任せるのではなく，アフリカ自身のイニシアティヴで，地域の社会発展に資するように振り向けることが課題となっている。

　一見すると，アフリカの地域統合は，広域性と多様性のゆえに東南アジアや欧州よりも困難であると思われる。しかし，この大陸は全体として共有す

る課題や問題意識を強くもっている。それは，(1)かつて欧州列強によって分割され収奪されて，彼らのシステムに従属させられたこと，(2)経済発展しているとはいえ，いまなおその水準は世界最低のものであること，すなわち「発展・成長」が大陸全土の共通の，そして切実な目標であること，(3)解決すべき社会的課題を広範に共有していること，などである。すでに国連などの「国際政治」の舞台では，アフリカ諸国が一致して行動する場面も多くみられるようになっている。今後，大陸内における安全保障上の問題をAUが主導して解決するような実績が重ねられれば，経済のシステムを主体的に構築してグローバル社会の中に位置づけることにもつながっていくだろう。アフリカの地域統合の成否は，世界全体が注目するところなのである。

3 欧州統合のゆくえ

ASEANやAUが地域統合を進めるに際してのモデルとなっているのが，欧州連合(EU)である。かつて西側の経済同盟であった欧州共同体(EC)は，1992年のマーストリヒト条約でEUへと発展した。また，社会主義圏だった中東欧の加盟国も増えて，名実ともに欧州全域の「統合」が図られようとしている。この間，EU法と呼ばれる法(制度的には国際法だが，加盟各国の法体系をかなり直接的に拘束するため，上位法のニュアンスもある)の役割が増大し，これに関する立法・司法のしくみも強化された。欧州人権裁判所は，人権保障案件に関するかぎり，加盟各国の終審裁判所の判決をも覆せるという点で非常に強力な権限を与えられている。また，1985年に締結されたシェンゲン協定が，1997年にEUの法体系に取り込まれたことで，英国とアイルランドをのぞく加盟国間の国境検査が廃止され，域内の自由通行が可能になった。このため，たとえば日本人が欧州に行ったとして，最初にいずれかのEU加盟国に着いた際に入国審査(パスポート・コントロール)を受ければ，以後の欧州域内の移動は「国内」扱いとなって，そうした検査が省略される。自動車や鉄道で国境を越えても隣の県に行くくらいの感覚でしかな

いし，飛行機は国内線扱いとなる。そして，欧州統合で中心的に語られるのは 1999 年の通貨統合であろう。28 加盟国のうち 17 ヵ国がユーロを導入しているほか，モナコ，サンマリノなどの一部の非加盟国でも通貨として採用されている。通貨統合により，両替の手間や手数料が省かれるということにとどまらず，域内の「他国」との取引や旅行などへの心理的なハードルが低くなり，欧州統合そのものを心理的に後押しすることにもなった。

　欧州統合は壮大な「実験」とも称された。近代の世界秩序である主権国家体制を維持しながら，それを相対化するような超国家を出現させ，立法・司法・行政や金融政策までも担わせようとするのである。近年では，外交・安全保障面での統合も相当に進んでいる。だが，2010 年以降のユーロ危機にみられるように，政治・財政がなおも国家の側の掌中にあり，欧州のそれと必ずしも連動せず，それでいてギリシアなど経済的に弱い国では EU の動向を無視して国内政治を行えないという矛盾も表面化している。地域統合の先進地域として，ますます動態的に把握することが重要になってくるだろう。

4　地域統合の理想と現実

　各地で地域統合が構想され推進されているのは，とくに経済の面で国家の相対化が不可避であることが直接のきっかけになっている。国境の枠内で生産・雇用・市場が完結するということはもはやありえない。同時に，1990 年代以降のグローバル化の進展に直面して，一国では処理できない問題があまりに多くなっていることも作用している。本稿でみた東南アジア，アフリカ，欧州の事例は，いずれもそれらの地域で問題意識を強く共有するところからはじまっている。地域統合を経済の観点からみると，域内の国境はかなりその意味を失っていくことがわかる。市場が拡大し，ビジネスチャンスが広がり，就業や教育を受ける機会の拡大にもつながる。しかし国家を超えた規模の市場というのは，国家権力の介入によってはもはや十分に統御できないものとなり，誰もが競争と自己責任の中に投げ出されることをも意味する。

域内の格差が広がることも現実味を帯びる。EUなどの機関が，何をどこまで調整できるのかが問われるだろう。国境を越えた犯罪への対処や，域外からの移民への対応なども切実な問題である。

19〜20世紀の国民統合と，21世紀の地域統合とを比べてみると，前者が均質化の論理を多分にもっていたのに対して，後者は多様性を大前提にしながらの統合(unity in the diversity)をめざす動きであるといえる。このため，従来はマージナル(周縁的)，あるいはマイノリティ(少数派)だった立場の人たちにとっては，活躍の機会が広がることにもなった。国家を超えたサイズの地域の中では，どの立場の人も絶対的な中心とかマジョリティ(多数派)にはなりえないからである。しかし統合である以上は一定の，そして中核的な価値観の共有は必要と考えられる。イスラム教徒が多数を占めるトルコの加盟をEUがなかなか認めない問題や，クーデタで成立した独裁政権に対してAUが厳しい態度で臨んでいることを想起してほしい。

本稿でみた各地の地域統合では，いずれの場合でも，他者理解や寛容・共生の意思などの共有が強調される。また，各自の母語に加えて，英語その他の共通言語の習得がもはや当たり前のこととして受け取られている。これらの面でも，地域統合への注目は，日本社会の未来を考える上でも重要な視点を提供してくれるといえる。

	欧州連合 (EU)	アフリカ連合 (AU)	東南アジア諸国連合 (ASEAN)
設立	1992年	2002年	1967年
加盟国 (2013年12月現在)	28	54	10
本部	ブリュッセル	アディスアベバ	ジャカルタ

地域統合機関の比較

4 情報化の時代を読み解く

　携帯電話が普及し始めたのは，1990年代半ばである。ほどなくしてインターネットが普及することになる。携帯電話の普及によって，街から公衆電話が消えていき，テレフォンカードを使う機会もなくなった。携帯電話では，直接本人と連絡をとることができるので，固定電話のように家人を経由するという煩わしさがなくなった。これらの変化はわずか10年程の間に起こったできごとである。携帯端末は小型軽量，多機能な機器が次々に登場し，インターネットは高速化の一途をたどり，その密度，複雑さも増している。また，それらの活用方法の拡がりもとどまるところをしらない。現代は，生活や産業のあらゆる分野に情報通信技術が浸透し，それが進展している時代状況である。

　ところで，私たちは「情報」という言葉を日常的に用いているが，そもそも情報とは，どのような意味をもっているのだろうか。情報化社会を読み解くにあたり，① **メディアと情報**では，まず「情報」のもつ意味について検討する。ここでは，情報を雑多なInformationと，意味や価値のあるIntelligenceに分けて捉え，情報化社会においてはIntelligenceの領域を増やすことの重要性に言及している。また，情報化社会では，情報の受け手と送り手の媒体となるメディアが重要な役割をもつことになり，メディアの特性や傾向を十分に理解する必要がある。メディアの歴史を紐解きつつ，今日の情報化社会におけるメディアとのかかわりを考えていきたい。

　大量の情報が発信・受信されるようになった現代では，誰もがその担い手となり，情報にかかわるモラルの問題が，社会的課題として浮上することになる。情報通信機器の発達やコミュニケーション・ツールの利用の拡がりは，様々な形で，日々新たな情報モラルの問題を突きつけることになる。② **情報モラルをめぐる問題**では，「プライバシーの権利」「個人情報の保護」「著

作権の遵守」「セキュリティへの認識」などから，この問題(情報モラル)に検討を加えている。

　今日の情報化による社会の変化は農耕革命，産業革命に匹敵する歴史の画期にあるといわれている。そこでは，自らの生活のあり方(ミクロの視点)と社会の構造的な変化(マクロの視点)から捉えていく必要がある。そうした社会の変化は，子どもを取り巻く環境を大きく変えるとともに，教育や学校教育のあり方にも変革を迫るものとなる。③ **子どもを取り巻く環境と情報社会**では，情報化に伴う子どもの生活環境の変化に焦点をあてる。④ **情報化と教育の変容**では，日本の情報教育導入の経緯を概観し，海外を含むいくつかの具体的な事例から，情報化による教育内容や方法の変容を取り上げている。その上で，伝統的な学校教育のあり方や存在意義を問うた。

　⑤ **知覚と認識論からアプローチする情報化社会**では，人はどのようにして情報を捉えているのか，人間の視覚と認識特性という視点から現代の情報化社会を捉えた。情報化社会では人間の認識特性を把握することが求められ，多くの人にとって便利で優しい情報化社会の構築を目指していく必要がある。さもなければ，情報化社会は，マス・メディアや一部の人によって，大多数の人が「利用される」社会へと化してしまう可能性がある。

　コンピュータに頼るばかりではなく，人間にしかできない判断領域──「脚でかせぐ情報」などの重要性をさらに再認識しつつ，情報化社会が人間の顔をもった社会として発展していくために何が重要かを考えていきたい。

① メディアと情報

1　インテリジェンスとしての情報

　もともと，"情報"が戦争に関連した軍事用語であったことはよく知られている。森鷗外の『大戦學理』には「情報とは敵と敵国とに関する我が知識の全体を謂う」と記されており，戦時での相手の情報を"知ること""知識を得る"という意味で用いられていた。

　一般的な"情報"の意味は，私たちが意識的に，あるいは無意識のうちに周囲から受け取って認識できる事象である。例えば，電車内でのたわいのない乗客の話し声や街頭での車のクラクション，ラジオから流れ出る音楽など，身の回りで溢れる"情報"を指す。これを「Information」いう。

　一方，「Information」の中から，私たちは各自の目的に沿って，役に立ち，有益な情報を取り寄せようとする。例えば，運転中に渋滞情報を聞いて走行路線を変更したり，テレビの天気予報を見て出かける際に傘を用意したりする。こうした情報が「Intelligence」と呼ばれるものである。

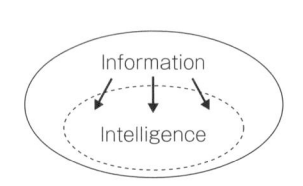

　実は，私たちはより良い生活を維持，向上させるために，常に「Intelligence」を模索し，選択し，追求しているのである。学ぶことも身体を鍛えることも同然である。身に付けていく全ての事象や事柄は「Intelligence」ということになる。

Information（情報）→認識事象の玉石混淆状態
Intelligence（情報）→目的に沿い，役立つもの

2　コミュニケーションの変容とコンピュータ・ネットワークの広がり

　コミュニケーション（communication）とは一般に「伝達」と訳されるが，情報社会では「通信」や「情報」の意味で扱われることが多い。今やインターネッ

トによる情報の送受信は社会生活に浸透しているが，特にSNS（ソーシャル・ネットワーキング・サービス）などに代表されるように，コミュニケーション・サービス関連は世界的に拡大している。

コミュニケーションの原点に立ち返れば，人と人との直接的な会話（対話）が基本であり手段であった。独立している双方が，それぞれ異なる情報を持っていた場合に，互いに相対することで伝わり共有される。それが電話や電信，FAXが登場すると，それらは，電気的な信号でコミュニケーションをやりとりする手段として多用されることになった。これが「情報通信ネットワーク」と呼ばれるものである。これまでの直接的かつ同時に行われたコミュニケーションは，間接的に，時には異時でさえ可能となった。そして，コンピュータの出現でコミュニケーションの様相は一変した。一対一から一対多，もしくは多対多といった通信規模の拡大にとどまらず，瞬時で大容量，かつ地理的，時間的な諸要素を超越することを可能にした。こうしたコンピュータを利用した情報通信ネットワークを「コンピュータ・ネットワーク」と呼ぶ。

そもそも人はいつ頃からネットワークを求めていたのだろうか。紀元前5世紀ころには，オリエント世界を統一したアケメネス朝ペルシャの王が，「駅伝制」を設けていたようである。中央集権的に支配するために広い国土を州に分割し，それぞれに総督を配置した。都と州をつなぐ道路網を整備し，一定の距離で「駅」を設置し，駅には宿泊施設や食料，馬，交代要員が常備されていた。「駅伝制」というネットワークは，命令を伝えたり，報告を受けたりすることを可能にしたという。時の権力者は，ネットワークを構築することで，隅々まで指令を伝える「情報伝達力」や，周囲から情勢をキャッチする「情報収集力」，互いに連携を取り合う「情報共有力」を発揮していたといえよう。当時の駅や道路網は，現在のアンテナ塔や光ファイバーに変わってはいるが，その目的としていることは全く変化していないのである。

ネットワークを定義すれば，最も広義には，同じ目的を有する人々が作る様々な有機的な（意味のある）つながりである。有機的なつながりがなければ，

単に「伝達」となる。共有するものを「資源」といい，ネットワークの目的でもあり，核心をなすものは，「共有資源」となる。現代の「コンピュータ・ネットワーク」では，コンピュータを利用して，同じ価値観と共有資源を持った人々が有機的につながった環境が構築されている。つながりを持つエリアを基準に分類した呼び名が LAN（ローカル・エリア・ネットワーク）や WAN（ワイド・エリア・ネットワーク），インターネットといったものである。コンピュータの出現は，縦横無尽なネットワークの構築をもたらし，超高速でグローバル，大容量でスピーディーなものへと進化し，発展することになった。しかも，比較的安価で，いつでもどこでも誰とでもつながる世界を実現したのである。

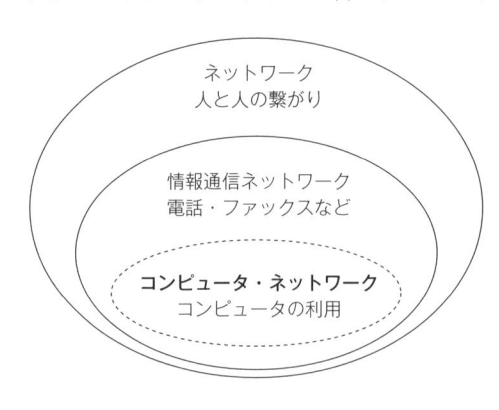

3 メディアの発達は社会に何をもたらしたか

(1)メディアの語源

メディア（media）とは，情報（information）の発信者と受信者の間を結ぶ手段のことだが，もともとは「中間，仲立ち」を意味するラテン語の medium の複数形 media を語源にしており，16 世紀後期から使われ始めたという。また，ラテン語の mediare（半分に分ける，中間を占める，仲裁・和解する）から派生した mediation とも結びついているようである。この語は物質的ないし心的な介在の働きを指していたが，同時に「仲裁・和解」という意味もあり，様々な対立項（神と人間，精神と世界，観念と客体など）を調停する，仲介するという「介在的もしくは中間的要素」の次元が含まれていた。

Medium は 17 世紀初期には幅広い意味で使われていたが，この時期のメ

ディア概念は，現在のような「伝達作用の媒体」という意味に限定されていなかった。18世紀になると，新聞をmediumとして捉えることが広まった。19世紀以降には写真や電話，無線，映画といった情報コミュニケーションの発達が著しくなり，mediumは，送り手から受け手へメッセージ伝達する媒介手段という意味に限定されて用いられるようになった。20世紀は，第一次世界大戦後の消費社会到来により，mediumは一気に広告関連の業界用語，特に新聞，雑誌，ラジオを集合的に示すmass-media（マス・メディア）として受け入れられるようになった。

　こうして，マス・メディアが社会に決定的な作用を及ぼすようになると，メディアをコミュニケーション媒体とみなす認識が支配的になっていった。だが，当時はあくまでも広告媒体としての意味が強かったため，手紙や電話，書籍，写真など広告媒体でない伝達媒体は，メディアと認識されることはなかったようである。その後，さらにマス・メディアが隆盛するにつれて，メディアたる対象は広がり，現在のような「情報の乗り物」「情報の支え」といった意味にも使われるようになった。これを機に，メディアの媒体としての透明性が強調され，情報伝達機器であるメディアと，伝達される情報であるメッセージは，明確に区別されることになった。そこで，メディアとメッセージの分離が成立することになったのである。

(2)印刷と世論

　1455年頃，ドイツのヨハネス・グーテンベルクは活版印刷技術を考案した。この技術は，テキストをアルファベットに分割，再構成して，油性インクを用いて，美しく精巧な印刷にこだわったものである。この技術を活かして聖書を印刷したことが，その後の社会に大きな変革をもたらしたのである。

　印刷術は瞬く間にヨーロッパに普及した。グーテンベルク以後50年間に印刷された書物の数は，グーテンベルク以前1000年に印刷された書物の数を超えたとも言われている。

　印刷物というメディアの登場で注目すべき点は，印刷業者や読者層，著述

家や聖職者など，知識階級が敏感に反応したということである。また，本が増加したことで読み書きのできる人が増えた点も特徴として挙げられる。その結果,印刷された文字は大量のメッセージをもたらし,それまでにはなかった社会現象「世論」を生み出すことになる。

　宗教改革の祖マルティン・ルターも然りである。彼は，1534年に念願だったドイツ語訳の旧約聖書を完成し，出版した。字の読めない人々には漫画も添えて訴えた。それがヨーロッパの君主や貴族，政治家，農奴に与えた影響は絶大なものとなった。人々は中世ローマ教会による情報独占を打ち破るだけでなく，結果として，限られた者のみが得ていた知識を民主化させる働きかけをしたことになった。一方，反論を起こされた形となったローマ教皇は，新たなメディアの登場に全くの無防備かつ無対応であった。世論の形成に為す術を知らなかったというのが実情だった。

(3) メディアの変貌

　過去の歴史が示すように，メディアの発生は社会構造に大きな影響を及ぼすことになる。文字→写本→活版印刷→電信→電話→インターネットと変遷してきたメディアは，技術進歩が相まって今も進化の一途を辿る。次々と新たなメディアが出現し派生していく過程で，人間のあらゆる文明を記録，保存，伝達をしている。それは文明を再び利用できるために，メディアの機能に依存しているからに他ならない。そのことで，人々の創造や認知，意識，理解といった過程に大きな影響を及ぼしていることを意識しなければならない。イニスが，「すべてのメディアには時間と空間に対する何らかのバイアスが内在」(イニス(1987))すると指摘しているように，ある文明に対する知識というのは，その文明に用いられたメディアの性質に依存しているのである。なぜなら，そのメディアの特性から，その文明を想像したり考察したりできるからである。仮にある文明のメディアが耐久性もなく無力なものであれば，その文明の実体にはアクセスできないことになる。例えば，古代の遺跡や遺物を挙げれば，これらは歴然としたメディアになる。先人の遺した建造物や

遺品を分析,調査していくことで,当時の生活様式や風習など,歴史的事実を解明することが可能となる。文字的資料が遺されていれば,思想や出来事も窺い知ることが出来る。現代という時間軸では,遺されたモノ(メディア)が物語る要素に依存して,過去を理解しようと図る。分析や調査を進めるなかで,途切れた時間的空間を遡り,当時の文明を想像,考察しているのである。

　だが,印刷や出版,映像を用いたメディアが主流になると,思惑や意図が介在する。伝えようとする行為自体が,思惑や意図を前提とするからである。また,受け手の立場も,この前提に疑念を抱きにくく,躊躇することなく受容する傾向が高い。特に,印刷や映像を用いたメディアは,一面的な切り口で表現しやすく偏りやすいのである。たとえ変え難い事実が存在しようとも,それをどう見るか,どう伝えるかはメディアによって変幻自在である。したがって,文明を理解するには,メディアの特性や傾向にコントロールされていることを再認識する必要がある。

　科学の進歩により古きメディアは目覚ましい発展を遂げ,地球上の空間や時間の概念を大きく変貌させてきた。また,様々なメディアの到来,変遷の過程で,歴史観や社会変化の土壌も形成されてきた。これは,単に不特定多数の大衆に音声や映像を送ることを可能にしただけではない。メディアの存在がまさの私たちの身体の拡張として,個人の内面や社会の様子を変容させてきたのである。

<参考文献等>
ハロルド・A・イニス著　久保秀幹訳(1987)『メディアの文明史 コミュニケーションの傾向性とその循環』　新曜社
吉見俊哉著(2009)『メディア文化論』有斐閣

② 情報モラルをめぐる問題

1 情報モラルとは

　情報を扱う上での基本的な規範を「情報モラル」または「情報倫理」という。平成20年3月に文部科学省が告示した学習指導要領では,「情報モラル」を「情報社会で適正な活動を行うための基になる考え方と態度」と定めている。昨今, 個人や社会を取り巻く情報は無尽蔵となり, 利便性の高い情報機器の発達や, SNSといったコミュニケーション・ツールの利用が広まっている。

　例えば, 若年層に浸透しているLINEは, 仲間うちで手軽に会話が楽しめるのが強みだが, 中高生の間では仲間に入れない「仲間外し」など, いじめに発展するケースがある。エスカレートして「夜通しけんかした」といった声も挙がる。これらは一例に過ぎないが, こうしたことへの規範意識をより高めることが求められている。対象とされる利用者の低年齢化が指摘されて

情報モラルに関わる問題	
・プライバシーの権利	・個人情報の保護
・著作権の遵守	・セキュリティへの認識など

いることから, 家庭の躾や学校での教育の充実が必要との声が聞かれる。確かに, 保護者による子供のネット利用の制限の必要性は広く認識されている。学校でも, SNS利用を禁止するところさえある。一方で, 法整備こそが急務であるという声もある。だが, 情報化のスピードは加速の一途の様相で, 教育も法整備も現状に追いつけず, 対応に迫られているのが実情である。健全な情報化社会が形成されるには, 一人ひとりがメディアの特性を十分に認識し, 情報を適切に扱う判断力を備えることこそが不可欠となる。

2 プライバシーの権利と個人情報保護の確立

　プライバシーの考えは，19世紀後半に米国で生まれた。印刷技術の発達でゴシップ記事が新聞を賑わせる頃になると，自分たちの生活を守ろうとする考えが生まれた。米国のウォーレンとブランダイスという二人の法学者は，こうした記事から個人を守るために「一人にしておいてもらう権利」をまとめ，「プライバシーの権利」と名付けた。プライバシーそのものは以前から存在していたが，メディアの力が強くなるにつれて，個人とのバランスが崩れつつあったことから，メディアからの侵入を個人が排除する力として，この権利が必要とされたのである。

　日本では，1964年に東京地方裁判所が，三島由紀夫の小説『宴のあと』のモデルとされた人物に，初めてプライバシー権を認める判決をしたのが始まりである。今では「私生活をみだりに公開されない権利」として確立して，「新しい人権」の一つに含まれている。現在はより積極的に捉えて，「自己に関する情報の流れをコントロールする権利」も含むとされる。氏名や性別など個人情報で公表して良いものを自ら決定したり，管理する機関や団体に自分の個人情報の訂正や削除を求めたりすることができる。こうした動きは，個人情報（住所，氏名，生年月日，性別の基本4情報に加え，個人が特定できる情報をいう）をさらに保護する主張へと広げるきっかけとなった。

　2005年には，「個人情報の保護に関する法律（個人情報保護法）」が施行された。5,000件以上の個人情報を取得・利用・管理しようとする事業者（企業や国，地方公共団体など）を対象に，個人情報の取得や利用目的を明確に本人に通知・説明し，個人情報の開示や利用停止などの要求に対応することを義務づけている。また，目的以外の利用を制限したり，安全管理を徹底したりすることも義務づけられた。だが，報道機関や学術研究機関，政治団体など5分野は義務規定の適用が除外された。個人のプライバシー保護と表現・報道の自由との関係で問題が残る形となった。

情報化社会を生きる上で，私たちはプライバシーの侵害や個人情報の漏洩という危険と常に隣り合わせである。他人のプライバシー権や個人情報を保護する心構えが求められるが，自分のプライバシーや個人情報は自ら守るという意識を強く持つことも重要となる。

3　著作権の遵守とセキュリティへの認識

著作とは書物を書き著すことを意味するが，著作物となるとその意味は広く，音楽や絵画の他，写真や映画，コンピュータプログラム，キャラクターなどが含まれる。身のまわりにはあらゆるコンテンツが存在しており，そのすべてに著作権が発生している。著作権とは，著作者自らがコンテンツのコピーや翻訳，放送などの利用を独占的に行える権利である。よって，著作者でない者は，本来は許可なくコンテンツの利用は出来ないわけである。勝手にコピーしてしまっては，創作者に精神的，経済的に大きな打撃を与えてしまうことになる。作家や作曲家，漫画家やゲームクリエーターなど，創作を職業にできるのは，彼らの生み出したコンテンツに著作権が存在する，といって過言でない。

```
著作権法で保護の対象となる「著作物」であるための事項
(1)「思想又は感情」を……「単なるデータ」を除く
(2)「創作的」に……「模倣」や「単なる事案」を除く
(3)「表現したもの」であって，……「アイディア」を除く
(4)「文芸，学術，美術又は音楽の範囲」に属するもの
```

2012年10月1日から，改正された著作権法が一部で施行され，無断で提供されている動画や音楽をダウンロードする行為に刑事罰が加わった。また，DVDに用いられている暗号型技術を外してリッピング（コピー）することが違法と盛り込まれた。多くの人が，テレビドラマの録画や，音楽CDのリッピングをすることがあるが，著作権法では自分で楽しむことが目的ならば，著作権者に許可なく複製することが可能である（これを「私的使用のための複製」という）。しかし，違法コピーの配信や，海賊版DVD・CDが数多く出回っ

ていることから，違法に流出しているコンテンツをダウンロードすれば，2年以下の懲役又は200万円以下の罰金，あるいはその双方の刑事罰が科せられることになった。

著作権法は，著作者にコンテンツに関する権利を認めて，その保護を図っている。他方で，コンテンツが文化的な発展に寄与するように，公平に利用されることも目的としている。情報化社会となった今，ネット上で情報が自由で公正に流通することは大切である。違法なコンテンツのダウンロードの刑罰化に疑問視する批判も聞かれるが，より一層，クリエーターの権利（特に収益）が守られるとともに，利用者の意識やモラルが問われている。

一方，インターネットの普及で，不正アクセス（侵入）が後を絶たない。他人のIDやパスワードを悪用したり，コンピュータプログラムの不備をついたりして，アクセスしてはいけないコンピュータ（サーバ）に侵入する行為を"不正アクセス"と呼ぶ。侵入した者の多くは，盗聴（データを盗み取る）や改竄（データを書き換える），偽造（にせものを作る），妨害，破壊，なりすまし（他人のふりをして活動する）などの行為をする。これらは「サイバー犯罪」となる。

2000年から実施された不正アクセス禁止法は，こうした侵入行為を禁じている。しかし，法律の隙を突いた行為は巧妙化していて，新たな手口で被害を受ける人が急増している。不正アクセス禁止法では，IDやパスワードを識別符号と記述している。本来，識別符号とは，本人を特定できる符号（情報を伝えるための記号）のことで，指紋や署名，音声，影像（人の姿）などを指す。したがって，IDやパスワードは大変重要な位置づけとなる。不正アクセス禁止法は，2012年5月に改正され，新たにフィッシング行為（企業になりすまして偽メールを送信し，IDやパスワードを入力させてだまし取る）の禁止や処罰，ID・パスワードの不正取得等の禁止や処罰など，取り締まりが強化された。しかし，これらの対策だけで安全とは言いきれないのが実情である。

被害を防ぐ対応策の例を挙げると，①修正プログラムを適用（マイクロソフト社などが提供するアップデートを自動更新設定にする）。②パスワードを管理（人に教えず，書き留めず，保存しない。定期的な変更と，記号や数字，英字を織り交ぜた最低 8 文字以上が好ましい）。③セキュリティ対策ソフトを利用（インターネット接続時にウィルスなどが侵入することを防ぐ），などがある。

4　情報格差への対応

　情報格差は，情報モラルの観点からは一線を画すように見られるが，インターネットによる商取引やコミュニケーション・ツールが広く浸透したことで，情報を扱う人々のモラルにも格差が生じている点で関連が深い。

　情報格差とは，「デジタル・デバイド」や「インフォメーション・ギャップ」とも言われる。日本では『平成 12 年版　通信白書（郵政省）』で初めて触れられ，「情報通信手段に対するアクセス機会及び情報通信技術を習得する機会を持つ者と持たざる者との格差」と指摘された。当時のインターネット利用者数は 2,706 万人（15 〜 69 歳），インターネット普及率は 19.1%（世帯）に過ぎず，地域や年齢，年収などの要因により，インターネットの利用者や利用度合いに格差が広がると警鐘をならした。そのため，国は IT 革命推進の努力を積極的に行い，国民全体が情報リテラシーを向上する政策や情報インフラの「質」と「量」の両面の高度化を目指すこととなった。

　その結果，現代はどう変化したのか。『平成 24 年版　情報通信白書（2012）（総務省）』によれば，「携帯電話・PHS」及び「パソコン」の世帯普及率は，それぞれ 94.5%（この内「スマートフォン」は 29.3%），77.4% であり，インターネット利用者数 は 9,610 万人，人口普及率は 79.1% と飛躍した。だが，個人の世代別インターネット利用率で見ると，13 歳〜 49 歳までは 9 割を超えているのに対し，60 歳以上は大きく下落する。また，所属世帯年収別の利用率は，600 万円以上で 8 割を超えており，所属世帯年収の低い区分との利

用格差が存在している。

それでは，利用者の主な目的は何であろうか。白書によれば，「電子メールの受発信」が70.1%と最も高く，「ホームページ（ウェブ）・ブログの閲覧」(63.6%)，「商品・サービスの購入・取引」(60.1%)と続いている。ここでも世代別では40歳代までの方が50歳代以上に比べ，インターネットの各種機能・サービスの利用に積極的であることが示されている。

現代のようにインターネットが発達・普及してもなお，依然として情報格差は残る。若い世代ほどインターネットをよく用いる傾向があり，電子商取引やコミュニケーション・ツールへの利用も活発ということである。

だが，これがモラル面でも情報格差を引き起こしている。例えば，ネット上で発信する機会を多く得られた半面，個人情報や誹謗中傷に関する言葉が増え，トラブルが急増しているのである。交流サイトでのなりすましや，炎上などの事例も問題視されている。さらに，インターネットの使い過ぎでネット依存に陥る若者が増え，健康を害するケースが指摘されている。電子商取引では，フィッシングやウィルス感染によるIDやパスワードの盗み取りが横行し，被害が絶えない。また，電子万引きなど電子計算機使用詐欺罪に当たる行為や，不正アクセス禁止法違反をしてしまう小中高生も現れている。現実的に犯罪や不正行為と認識せずに行動しているケースが多いようである。

情報化の進展は，皮肉にも情報モラルの面でも新たな格差を拡大させる気配である。情報の使い手は，より一層「情報活用能力」(情報リテラシーや情報オポチュニティ)を高め，インターネットを適切に使いこなすスキルとモラルの定着が求められる。一方でインターネットのみを情報源とする行為を自重し，様々なメディアから情報収集を補う選択肢を得ることも必要とされる。より成熟した情報化社会の構築を進展させていきたいものである。

＜参考文献等＞
郵政省編『平成12年版　通信白書』(2000)　ぎょうせい
総務省編『平成24年版　情報通信白書』(2012)　ぎょうせい

3 青少年を取り巻く環境と情報化社会

1 情報化社会とは

　情報化社会とは，知識や情報にモノや資本と同等，あるいはそれ以上の価値が置かれ，情報の生産や伝達などによって発展していく社会のことである。
　情報化社会という概念は，一般に産業の発展における一段階として捉えられている。産業革命以前の社会は「農業社会」，産業革命以後は「工業社会」，そして現代は「情報化社会」である。農業社会では人の力によって生産されていたものが，工業社会では機械の力に頼るようになり，情報化社会では情報を駆使して生産活動が行われるのである。このような産業の発展段階における「情報社会」という概念は梅棹忠夫の『情報産業論』や A.トフラーの『第三の波』などに見られ，1960 年代ころから論じられている。
　梅棹は戦後に登場したテレビ放送に着目し，放送産業等の情報産業ではモノそのものではなく「情報」に価値があるのであり，「情報」を売る仕事なのだと述べている。テレビ放送は膨大な労力をかけて番組を制作するにもかかわらず，普通は１回放送してしまうと終わりである。しかも普通のモノの生産なら，商品は使い道が決まっていてどのように役立つかが明確であるが，ある番組が視聴者に対してどのような効果を及ぼしたかということは測りにくいものである。あるプロデューサーは「生産の現場に取材に行ったときが一番情けないのです。」と，実際にモノを作る現場を目の当たりにして，自分たちの仕事は一体何の役に立っているのかという思いに駆られたという話が紹介されている。しかしながら，意味を求める生き物である人間が，無意味な労働に長期間従事できるものではない。したがって，放送産業に携わる人々は，その番組の商業的効果ではなく，文化的効果に対する確信を持っているのではないかと梅棹は考察し，「工業化の時代」(工業社会)のあとに続く時代

を「情報化の時代」(情報化社会)ではなく「精神産業の時代」と呼び，情報の価値はその社会性や公共性が前提とされるべきであって，従来の経済効果のみによって測ることはできないだろうと述べている。

2　情報化社会の進展

　情報化社会という概念が生まれたのはテレビ放送の開始が契機であり，今もテレビは情報の重要な発信源である。NHK の「国民生活時間調査」(2010年)によれば，自由時間にテレビを見ている人が約 90％，その平均視聴時間は約 4 時間となっており，他のメディアを圧倒している(新聞を読む人は41％，その平均時間は 46 分であり，インターネットを見る人は 20％ で，その平均時間は約 2 時間である)。だからこそテレビ番組の質が問われるのであり，視聴者，とりわけ青少年に対してどのような影響を及ぼすものなのかが明らかにされていかなければならないだろう。例えば NHK では映像メディアが子どもの発達に及ぼす影響を調査するため，平成 15 年から同じ子どもを 12 年間にわたって追跡調査するという「"子どもに良い放送"プロジェクト」を実施している。

　一方で現代の情報化社会においては，やはりパソコンやインターネット，携帯電話の果たす役割に注目せざるを得ない。

　コンピュータは，1960 年ころで価格が数億から数十億円，レンタルでも月額数百万〜数千万円という高価なものであったが，半導体技術の発展によって，2000 年ころまでにはより性能の高いパソコンが 20〜30 万円で購入できるようになり，その後さらに低価格化が進んだ。また，インターネットは，米国国防総省が 1960 年代に始めた ARPANET が発端となっている。ARPANET とは，大学や研究所などのコンピュータがネットワークで結ばれて，科学研究を協力して行うことができるようにしたもので，1970〜1980 年代にかけて世界中に広がっていった。その利用者は主に科学技術研究者であり，学術的な情報交換を行っていたのだが，1990 年代に入って

		10代			20代		
	ネット利用目的	平均時間(分)	行為者率(%)	行為者平均(分)	平均時間(分)	行為者率(%)	行為者平均(分)
携帯	メールを読む・書く	49.9	53.9	92.4	47.6	75.0	63.4
	サイトを見る	30.8	23.6	130.3	35.2	45.8	76.7
	サイトに書き込む	4.3	3.5	120.6	3.9	4.9	79.3
	ネット動画視聴	1.5	2.3	63.3	0.6	1.7	37.0
パソコン(自宅限定)	メールを読む・書く	3.3	7.1	46.1	6.4	18.1	35.6
	サイトを見る	6.3	7.5	84.2	27.1	26.0	104.0
	サイトに書き込む	0.7	1.6	46.3	1.6	3.5	47.0
	ネット動画視聴	3.9	4.3	90.0	6.8	6.6	103.4

表1　10代・20代のネット利用（2010年）
出典：橋元良明（2011）『メディアと日本人』p.159

WWW（ワールドワイドウェブ）や閲覧ソフトが開発されると，インターネットは科学技術者のみならず世界中の人々に広まっていったのである。さらに規制緩和による携帯電話の普及・発達も急速に進み，いかなる場所でも情報交換が可能となった。いわゆる「情報化社会」が一般に意識されるようになったのは，このような情報通信機器が普及した1990年代に入ったころであろう。

　情報化社会の世代を表す言葉として「デジタル・ネイティブ」がある。「1970年代後半以降に生まれ，物心ついた時から周囲にコンピュータやネットが存在し，デジタル・テクノロジーに浸かって成長してきた世代」とされている。実際IT業界では「76世代」という言葉がよく使われるという。IT関連の起業家に1976年前後の生まれが多いためである。さらに76世代にならって10年ごとに「86世代」「96世代」と呼ぶことがあるが，生まれた時からテレビはもちろん，パソコンやインターネット，携帯電話が当たり前に身近に存在する環境にあったのが96世代ということになる。

3　情報通信機器を通じて「つながり」を求める若者たち

　「生まれた時から」といえば，96世代は生まれた時から不景気であった。そのためそれ以前の世代が言うほど「不景気になった」ということを意識して

いないようである。「失われた20年」と呼ばれる期間にデフレが進み，安くても十分満足できるような商品を買うことができるようになった。バブル景気のころのように，高級車やブランド品を買うことがステイタスという感覚はないが，そのかわり携帯電話の通信費など誰かとつながるための出費は惜しまないのだという。それを物語るのがソーシャルメディアの拡大であろう。

ソーシャルメディアとは，インターネットを通じて情報の発信，交換，共有を行うメディアである。ブログや掲示板，twitterなど誰でも見られるオープンなサービスと，facebookやmixiなど会員制のSNSと呼ばれるサービスがあり，人とつながるツールとして大変な勢いで広まっている。従来のメディアが「マス・メディア」とよばれ，一度に大量の情報を多くの人々に発信するのに対して，ソーシャルメディアは一方的に情報を受けるだけではなく，誰でも情報を発信することができ，相互に情報をシェアできるということが最大の特徴といえよう。

総務省の「次世代ICT社会の実現がもたらす可能性に関する調査研究」(2011年)によれば，ソーシャルメディアの利用目的は，「もともとの知人とのコミュニケーションのため」「知りたいことについて情報を探すため」「同じ趣味・嗜好を持つ人を探すため」といったものが多い。また，同調査において「ソーシャルメディアを利用して実現したこと」として当初の目的のほかに，新たな友人を得たり，疎遠になっていた友人と再び交流を取り戻したりしている様子も見られる。データのなかでは少数派であるが，ボランティアや社会貢献に関心をもち，「社会の仕組みを変えることに貢献できた」という回答が1割程度みられることも注目したい。青少年自身が，ソーシャルメディアを通じて何らかのアクションを起こすことによって，社会に影響を与えることができたという自己有用感や達成感というものは，青少年が社会人として成長していく上で大きな意味を持つのではないだろうか。

一方で，若者の政治的無関心も指摘されている。橋元(2010)は「日本人の情報行動調査」によって，「世間のできごとより，自分の身のまわりのできご

とに興味がある」と考えている10代・20代の若者が8割近くに上ることとともに表1の結果を示し，これほどの時間をメールやSNSに費やしていれば，世間のことなど眼中になくなるだろうと分析している。

　また，SNS疲れという問題がある。若者は「人とつながりたい」という理由でSNSを始めるのだが，しがらみのない人間関係の中で好きなことを聞いてもらえる「気軽なつながり」を求めていたはずが，だんだんそうではなくなってしまう。友だちの投稿をこまめにチェックしてコメントを書かなければ，相手にどう思われるかわからないという圧迫感を感じたり，反対に相手からの返信がないと落ち着かなくなったりして疲れ切ってしまうのである。さらに，インターネットや携帯電話に触れていないと落ち着かなくなるという症状も報告されている。身近に本物の家族や友人がいても，ケータイに夢中になっている若者の姿を目にすることは珍しくないだろう。症状が深刻になると「依存症」「中毒」などと見なされる。

4　青少年を取り巻く環境と情報化社会について考える視座

　情報化社会の時代はまだ始まったばかりであり，発展の途上で様々な問題が起こってくるのは当然と言える。それをマイナスととらえるだけではなく，より良く発展していくために考える契機としていく必要があるだろう。

　メディアの発達によって，青少年の心身はどのような影響を受けるかということについては，まだ明確にされていない。研究の進展が望まれるとともに，青少年にとって望ましい発達とはどのようなものなのか，一人ひとりが青少年に関心を持って考えていくことが望まれる。

　情報化の進展は，世界中の人々が情報通信技術，とりわけインターネットを通じてつながることを可能にした。とはいえ，交流する相手は現実でもつながりがある人物であることが多い。アメリカの研究によると，実生活において外交的な人は，インターネット利用頻度が大きいほど孤独感が低くなり，社会的参加が活発になるのに対して，内向的な人はその反対になるという。

情報化社会における人とのつながりのあり方は重要な課題である。

　情報化技術は，今後もますます発展していくことが予測される。しかしそれ以上に，その情報技術によってどのような情報が発信されるのかが重要である。情報の発信者が人間である以上，その人間が持つ哲学や価値観が大きな意味を持つ。冒頭に示したように，情報化が進めば進むほど人間の精神性というものが問われることになろう。したがって，情報化社会において教育のもつ役割も重大となるのである。

＜参考文献等＞
総務省「情報通信白書 for Kids」　http://www.soumu.go.jp/joho_tsusin/kids/society/life_1.html
梅棹忠夫(1999)『情報の文明学』中央公論新社
西垣通著(2001)『IT 革命』岩波書店
藤竹暁編著(2012)『図説　日本のメディア』NHK 出版
橋元良明(2011)『メディアと日本人』岩波書店
古市憲寿(2012)「今の二十代はなぜお金がなくても幸せなのか」『プレジデント』5.14 号，pp.84-85，プレジデント社
香山リカ(2012)『絆ストレス「つながりたい」という病』青春出版社

④ 情報化と教育の変容

1 学校における情報教育の導入

　日本において情報化に対応した教育の必要性が最初に強調されたのは，1984年に発足した臨時教育審議会答申であった。そして平成元年に告示された学習指導要領において各教科・科目等の中に情報活用能力の育成が位置づけられた。さらに1996年7月の中央教育審議会答申「21世紀を展望した我が国の教育の在り方について」において①初等中等教育における情報教育の体系的な実施，②ICT活用による学校教育の質的改善，③高度情報通信社会に対応する「新しい学校」の構築，④情報社会の「影」の部分への対応という4つの提言がなされ，「情報化の進展に対応した初等中等教育における情報教育の推進等に関する調査研究協力者会議」第一次報告（1997年）において情報教育の目標が「情報活用の実践力」「情報の科学的理解」「情報社会に参画する態度」の3つの観点に整理された。2002年度から中学校では技術・家庭科において情報に関する授業が必修となり，2003年度には高校で普通教科として「情報」が設置されたのであった。このような過程において，学校はインターネットに常時接続されるようになり，コンピュータやプロジェクター，デジカメなど，様々なICTが導入されていったのである。

　こうして学校では，インターネットを使って調べ学習を行ったり，地域調査や修学旅行の自主研修などにおいてデジカメで写真を撮影したり，その写真とプレゼンテーションソフトを使って発表したりするといった風景も珍しくなくなった。しかしICTの進歩は目覚ましく，

> **ITとICT**
> IT（Information Technology＝情報技術）とICT（Information Communication Technology＝情報通信技術）はほぼ同義だが，ICTは情報技術の「活用」や「コミュニケーション」をより重視した言葉とされ，国際的にはICTが定着しつつある。

それにしたがって次々に導入される機器に学校が十分に対応できているとは言い難い。

また，2006年10月，高校における必履修科目の未履修問題が発覚した際，文部科学省の調査によって情報科でも247校での未履修が発生していたことがわかった。その原因として「教員不足」「入試に出ない（多くは進学校において未履修が発生し，受験科目に振り替えられていた）」「内容がよくわからない（その結果コンピュータの操作方法の指導に終始してしまう）」「生徒の能力に大きな差がある（自宅にコンピュータがあるような生徒は，情報科における内容を既に学習している）」といったことが挙げられているのだが，これは学校の情報化が進まない理由をもよく説明しているように思われる。

しかし急速に進む情報化への対応は喫緊の課題とされており，2011年度から順次実施されている学習指導要領ではさらなる教育の情報化が推進されている。また，文部科学省のみならず，総務省でも2010年度から「フューチャースクール推進事業」に取り組んでいる。これは実証校（小学校10校，中学校8校，特別支援学校2校）において，クラウド・コンピューティング技術を活用したポータルサイトやデジタル教材（教科書）等の提供を行うとともに，タブレットパソコン（全児童生徒1人1台）やインタラクティブ・ホワイトボード（全普通教室1台），無線LAN等のICT環境の下で授業を実践し，学校現場における情報通信技術面を中心とした課題の抽出・分析，技術的条件やその効果等について実証研究を行うものである。さらに，大学入試に「情報」を出題教科として採用することによって，中等教育における情報化を推進しようという動きも起こっている。

2 アメリカにおける学校のIT化

ITの発信地であるアメリカの学校の実態はいかなるものであろうか。

アメリカでは，国際的な経済競争激化への対応として，教育改革が進められ，公立学校や高等教育には技術革新とグローバルな競争力を支える人材育

成が要請されるようになった。1980年代半ば以降，民間の経営手法が学校に導入され，学校の効率化や将来の職業準備のためにICTが不可欠だと考えられるようになった。学校にICTが整備されれば生徒も教師もそれを使うようになり，ICTを使った授業の充実も図られるようになるだろうとの期待のもと，ICTの整備は急速に進んだ。

　しかしL.キューバン（2002）は，IT産業の聖地であるシリコンバレーの学校の実態を研究し，1990年代後半においてICTは校務や教材研究には使用されているが，授業において期待されるほど利活用されておらず，授業における指導法を変えるまでには至っていないことを明らかにした。また，生徒や教師たちはコンピュータなどのICTを学校よりも家庭で利用していた。こうした実態に対して，キューバンはいくつかの考察を行っている。ICTの導入は，現場の教師のあずかり知らぬところで決定されるのだが，それによって教師が実際に必要とする技術と導入されてくる技術とのミスマッチ，機械の故障や不具合など技術そのものに対する困難や，膨大な校務に加えてICTを使った授業を準備するという負担などが教師たちにのしかかってくる。中には，ICTを活用した授業を行う教師もいるのだが，彼らはICTに対する好奇心を満足させたり，自分自身が学んで成長することにより生徒との関係を向上させたいという自らの教育的信念と，ICTの活用が合致したときにそれを使用したのであって，政府の統制によってICTを推進したわけではない。

　また国際競争力を高めるための教育とは，生徒を良き労働者・消費者に育て，個人の所得を向上させ，経済活動に貢献させることを目指すものと言える。しかしアメリカでは，伝統的に学校という場を通して平等，公平，違いへの寛容といった価値の伝達によって民主主義社会の基礎が形成されると考えられてきたため，経済優先の価値観とは相いれないのである。つまり，本来学校に求められているものと，ICTの導入によって目指されているものが合致しないために，学校においてはICTの利用が広まらないのである。

また，近年シリコンバレーではICTを一切使わないウォルドルフ・スクールという学校が注目されている。ウォルドルフ・スクールでは，コンピュータは子どもの創造的な思考や行動，人間的な交流，集中力の持続などを妨げると考えられており，身体を使ったアクティビティや独創的な学びを重視した教育が行われている。ハイテク産業の社員たちは，こうした環境こそ子どもが成長するのに自然であると考えて，子どもをこの学校に通わせるのだという。彼らは，コンピュータの使い方を学ぶのは大人になってからでも十分であると考えているのである。こうした現象は，学校に何が求められているのかを示すものではないだろうか。

3　ICTを活用した学び―eラーニングの広がり

変化の激しい社会においては，社会の進歩や自身のキャリアアップに従って，必要な時に学びたいことを学ぶことができるという環境が必要である。そこで，タブレット端末やスマートフォンなどのモバイル機器を利用した通信教育や，学習アプリが次々に開発されている。こうした教材は誰でも簡単に操作することができ，動画や音声などによって理解度の増進も期待される。そのため学習習慣の形成にも効果的であると言われている。さらに，ネット経由で利用者の履歴を把握することができるので，学習の進捗状況を確認することによって学習者に応じた教材の配信も可能となる。

また，世界に向けて大学の講座を無料でインターネット配信する「大規模公開オンライン講座(Massive Open Online Course=MOOC)」が広がっている。MOOCにはスタンフォード大学の研究者が立ち上げた「Coursera（コーセラ）」や，ハーバード大学とマサチューセッツ工科大学が創立した「edX（エデックス）」などのプラットフォームがあり，様々な大学がこのプラットフォームを通じて世界中に授業を配信している。有料で修了者に履修証を発行する大学もあり，一部では単位として認定することも検討されている。これによって，言語などの課題はあるものの，あらゆる人々により高度で専門

的な教育の機会が提供されることになると同時に，大学としても国際的な知名度の向上や，優秀な学生の獲得といったメリットが得られる。

また，スナップフィッシュの前CEOであるベン・ネルソンは「ミネルヴァ・プロジェクト」という高等教育を立ち上げようとしている。キャンパスはないが，学生がオンラインであらゆるコースを履修することができる。オンラインの授業は25人以下のゼミ形式で行われ，一方的な講義ではなく，学生同士の討議なども行えるようにするという。伝統的な大学の学生生活も学生の人間的成長のためには必要だと考えられており，学生は世界各地に存在する寮に住むことによって学生生活を経験するとともに，そこで一定期間を過ごしたのち，違う国の寮に移動するということを繰り返すことによって世界市民としての感覚を養うことをも目的としている。MOOCと異なり授業料等が必要になるが，アイビーリーグの大学の半額程度とされる。通常のeラーニングのようにコンテンツが一方的に配信されるだけではなく，誰もが情報を発信したり，情報をシェアしたりすることができるといったICTのメリットを生かした試みと言えよう。

4　情報化と教育の変容について考える視座

社会における情報化の波はすでに止めることはできない。生活や産業のあらゆる分野にICTが浸透しており，しかもその技術は日々進歩してそのスピードはとどまることを知らない。学校にICTは導入されているが，その利活用はまだまだ進んでいるとは言い難い。日本政府は教育の情報化を国家戦略上の重要項目として位置づけており，今後も学校のICTの導入や情報教育の推進が行われるだろう。産業の情報化が進む国際競争に勝ち抜くためには，情報活用能力の向上が必要だからである。しかし人々が伝統的に「学校」に求めている価値と，政府や産業界からの要請との間には葛藤が見られる。

その一方で，情報通信環境さえあれば誰もがいつでもどこでも様々な情報にアクセスすることができるため，子どもたちは学校よりもむしろ学校外で，

ICTを通じて学校で得るよりも膨大で多様な情報を得ている。しかもその学びは学習者の興味，関心，そして意志に基づいたものである。教師よりも生徒の方が知識やスキルに優れるということは十分に起こりうることである。

　情報化社会において学校が担うべき教育とは一体何かということや，教師から児童生徒に知識や技術を伝達するという従来の学校教育の在り方はますます問われていくだろう。

<参考文献等>
　文部科学省(2010)『教育の情報化に関する手引』
　澤田大祐（2008）『高等学校における情報科の現状と課題』国立国会図書館 ISSUE BRIEF NUMBER 604
　総務省（2013）『教育分野における ICT 利活用推進のための情報通信技術面に関するガイドライン（手引書）2013』
　L. キューバン著，小田勝己・小田玲子・白鳥信義訳(2004)『学校にコンピュータは必要か　教室の IT 投資への疑問』ミネルヴァ書房
　New York Times/CNN STUDENT NEWS/TIME U.S./日本経済新聞

⑤ 知覚と認識論からアプローチする情報化社会

　日本社会における情報化の現状を知るには，人間は何をどのように視るか，どこまで視ることができるのか，視たことからどのように結論を導くのか，という視点のほかに表面化しない「不可視」部分に，重要な「情報」が含まれてはいないか，などへの検討も必要である。人間の視覚と認識特性という視点から現代の情報化社会を見ると，普段とは異なった風景が立ち現れるからである。生活の隅々にまで行きわたった映像メディア関連の機器，コンピュータやゲーム機器，さらには情報化社会を根底で支えているシステム工学という学問領域も，実は人間の視覚認識特性と深い関連がある。

1　視野と認識のずれ

（1）見えなかったゴリラの実験

　日本でも知られるようになった，認識にかかわる実験として「見えなかったゴリラの実験」がある。

　「見えなかったゴリラの実験」とは，おおよそ次のような概要である。まず，100名ほどのアルバイト学生または一般の人を集め，「この実験は，バスケットの試合で，特定の選手が試合中に何回パスを行うかを皆さんが，どれくらい正確にカウントできるかを測定することが目的です」と目的を伝える（目的以外のことに気が付かれると，この実験は失敗するのである）。試合は，プロの試合並みに設定する。試合の途中で，ゴリラのぬいぐるみを着た人がコートに現れ，ゴリラのようなジェスチャーをしてから退場する。その間わずか8秒である。試合後の調査では，ゴリラの存在に気が付いた人は，50パーセントに届かない。気が付かなかった人たちは「ゴリラはいなかった」と主張するが，試合のビデオにはゴリラが映っている。この実験は，視野に入ってい

ることと，実際に見えて認識されていることは別であるという視覚認識特性を明らかにした。

　この実験が現代の情報化社会に及ぼす影響は大きい。人間の視野に入っていることと，実際に認識され理解されていることの違いが，この実験により一般的な認識となった。1970年代にこの実験を考案した一人，アメリカの心理学者ダニエル・シモンズの研究成果は，道路交通や階段の幅の決定など身近な分野に応用されていった。アメリカの高速道路の道路標識の設置位置は言うに及ばず，事故や犯罪における目撃者の証言の信ぴょう性などにも応用されていった。

(2) ピアジェの学説と情報化社会

　「見えなかったゴリラの実験」の理論は，情報化社会のあり方と深く関わっているだけでなく，ピアジェ（スイスの児童心理学者）の視覚認識論との関連を指摘することができる。ダニエル・シモンズは，出身校のミネソタ州のカールトン・カレッジ（Carleton College）の同窓会誌，*Carleton Voice*に掲載されたインタビュー記事の中で，学生時代の授業でのピアジェの学説にヒントがあったと述べている。その実験とは，おおよそ次のような内容である。ひとりの赤ん坊が，床を這っている。前方に段差がある。赤ん坊は，段差は視野に入っているが，段差が意味するところを理解していない。赤ん坊は，段差の上を進もうとする。実験者はここで這っている赤ん坊を止めるのである。

　日本の大学の教育心理学においては，ピアジェと情報化社会を結び付けて論じることはないように思うが，実は，ピアジェは情報化社会の本質的な面，すなわち，「視る」ことと理解認識の乖離を早い時期に指摘していた。参考までに，日本ではピアジェ学説は，次のように要約され解説される（次ページ表）。

　前操作期でいう「自己中心性」は自分の考えに強くこだわる，という意味のほかに，自分とは異なる視点を受容できないという狭小さをも意味する。例えば，携帯電話を使いながら自転車で交差点を走り抜ける人は，「もしかし

> 感覚運動期（2歳ころまで）：同じような行動を繰り返す循環反応が生じる。
> 前操作期（7歳ころまで）：思考様式が自己中心的であるために，別の位置からの見え方がわからない。
> 具体的操作期(11，12歳ころまで)：思考の脱中心化が図られる。
> 形式的操作期(11，12歳以降)：イメージの使用や，仮説演繹による思考が可能になる。

たら左の方向から自動車が来るかもしれない」という思いを持つことができないのである。

2　人間の認識特性

(1)「手とストーブの距離」

　現代の情報化社会は，根底において，システム工学に支えられている。システムとは，機能が異なる複数の要素が密接に関係し合うことで，全体として多くの機能を発揮する集合体のことであり，システム工学とはその制御や設計などを行う学問である。システム工学の確立者の一人，ジェイ・フォレスターは，1960年代にアメリカのマサチューセッツ工科大学で都市工学を担当していた。彼の著書 Urban Dynamics には，「手とストーブの位置」の喩えを用いて，システム工学の考え方が説明されている。「手とストーブの位置」とは，両者は近すぎると人の手はやけどを負うが，遠すぎると手が温かくならないことの喩えである。数学的に「単変数」と呼ばれる概念である。

　実際には，社会事象のほとんどは，多数のループの複合体で機能しており，一つのループには無数の現象が付帯している。一例として，学力を向上させる手立てについて考えてみよう。授業時間を増やしても，生徒の学力は，それに応じて上昇するわけではない。学力は教師の人格，教え方，時間帯，教材など，複数のループの混合で形成されるのである。単変数で動く事象などこの世には存在せず，多くの変数が複雑に影響し合っている。

　フォレスターのもとで，ループの組み合わせが研究され，フォレスターは

そうしたシステム工学の方法を都市計画に応用したのである。

また，18世紀のフランスの経済学者ケネーによって著された「経済表」も，1960年代のシステム工学に大きな影響を与えたといわれる。「経済表」は重農主義の経済モデルの基礎となった考え方で，ある投入量は，必ず何らかの波及効果をもたらす，ということである。今日の産業連関表の作成などに連なる重要な業績であった。産業連関表とは，大型プロジェクトの経済波及効果や将来予測を測定するために用いられる指標である。

(2)「白昼夢」という情報化社会病理

現時点では，日本での社会問題としての認知度は低いが危険性が強いのが，メディア白昼夢問題である。メディア露出度の高い有名人（プロスポーツ選手，映画スター，ミュージシャンなど）の表面的な豪奢なライフスタイルが，多くの若者の心を魅了する。

英語にpipe-dreamという語が昔からある。中毒者の幻想である。その現代版が「白昼夢」である。あらゆるギャンブルや宝くじは，根底において白昼夢であるが，それを結果的に推奨しているのがメディアであるという点に，この問題の根の深さがある。白昼夢文化は，人間は物事の一面を，あたかも事実であるかのように錯覚しやすいという弱点につけこむ。現代の情報化社会そのものが，表面的な可視部分をもてはやすようにできているので，結果として，情報化社会そのものが白昼夢文化の推進役になりやすい。

3 情報化社会とヒューマン・ファクター

上述のように，人間は一面的，単純に物事を捉えやすい。このような人間の視野と認識の弱点の傾向が，情報化社会と高い親和性をもって顕在化してしまう。

人間の認識の弱点や陥穽に対して，アメリカ社会学者，J.アンソニー・ルーカスは，人々の心の中の「思い」や「理想」のようなヒューマン・ファクター（人間の持つ癖，習慣，好み，などの行動上の要因）を，1960年代ボストンの人

口動態変化の中に跡づけた。(*Common Ground*, 1985 年)

　ボストンでの都市再開発で建築された高層住宅の例でいうと,「土地の面積」,「中心部に進出を予定していた企業の数」,「高層住宅に入居する人たちの所得構造」は, それぞれ入居への要因や誘因を構成するが, これらの要因等を組み合わせだけで, 住民の人口動態が予測できるわけではない。数値化できない事実については, 歩き回って観察して入手することになる。例えば「親戚を呼び寄せて住むという習慣」, すなわち, ヒューマン・ファクターは, かならずしも行政担当者たちに把握されていたとは限らないからである。

　聞き取りと観察によって得られるこのような情報は, 現代の情報化社会においては意外に注目されている。よく知られている例では, コンビニエンスストアにおける雑誌の店内在庫期限がある。ある大手チェーン店の創業者が, 毎日の綿密な観察により, 店内の雑誌週刊誌は 4 日目から, ぱたっと売れなくなるという現象に気が付いたといわれる。この「発見」以前には, コンビニエンスストアでは, 雑誌週刊誌は 7 日間も店内においてあったのである。この発見は, 当然, 在庫管理を効率化した。

　要するに, 情報化社会では,「脚でかせぐ情報」の重要性がはっきりしてきたということである。最近のようにビッグデータがもてはやされるようになっても, 人間にしかできない判断領域がある。ビッグデータの登場によって, 従来の統計学では考えられなかったようなことが起こっている。従来の方法では, 少数のサンプルをもとに, おおまかな傾向を予測したが, ビッグデータの活用によりサンプルは不要になる。ビッグデータの時代においては, 予測業務における問いの立て方が重要である。たしかに, ビッグデータの活用により, 日常のありとあらゆる行動が可視化する。しかしビックデータは, 社会にとって, その国の文化にとって, そしてその国の産業にとって, 何が大事なのか, 価値を付与して示すことはできない。

4 情報化社会における認識と判断

再び「見えなかったゴリラの実験」に戻りたい。シモンズらは，ゴリラの実験の第二部として，被験者が行う仕事（バスケットのパスの数を数える）の難度を上げて実験を行った。その結果，予期せぬもの（ゴリラ）を見落とす割合が2割増えたという。この実験結果は，運転中の携帯電話の危険性への検討にも応用可能であった。運転中の携帯電話の使用は，限りある認知能力が通話によって奪われることになり，手持ちによる通話だけではなく，ハンズフリーの通話でも安全とはいえないという結論が導かれた。さらにシモンズらは，実際に携帯電話を用いた実験を行った。コンピュータ版の赤いゴリラを使い，被験者の片方にはパスを数える作業をしながら，同時に携帯電話で話をしてもらった。その結果，パスを数えるだけのグループでは3割，携帯電話で作業しながらのグループは9割が予期せぬもの（赤いゴリラ）を見落としたという。見落とす率が3倍に増えたわけだが，ここで大事な点は，被験者のパスを数える能力は損なわれなかったということである。つまり，携帯電話を使っていても基本的な作業（決まった道路を走ること）には影響がないということになる。問題は，ドライバーが想定外の危険をはらんだできごとを見落としがちになるということである。

情報通信技術の発達は，人間の視覚や認識にかかわる特性を人間のために活かすことも，また人間を欺くことも可能にした。現代の情報化社会においては，何かを判断する際に，こうした人間の認識特性を踏まえ，裏付けをもった科学的な知見と経験に基づくことを心得る必要があるのではないだろうか。

＜参考文献等＞

Charles T.Clotfelter and Philip J. Cook, (1989) *Selling Hope*, Harvard University Press,
テレビなどの大衆メディアが，結果的にギャンブル文化を助長している現状については，この著作の第7章「勝者と敗者」(Winners and Losers) に記述されている。特に，ワイドショーやヴァラエティー・ショウなどが，「当選者」にスポットライトをあてる。それにより，「白昼夢」，「ファンタジー」，「逃避」が補強される。
クリストファー・チャブリス，ダニエル・シモンズ，木村博恵訳(2011)『錯覚の科学』文藝春秋

第Ⅲ章

現代社会と学校教育

1　社会の要請と学校教育の役割

　教育は古来社会が形成されて以来，意識的にまた無意識に行われてきたものである。太古の時代には狩猟や農耕のための知識，技能，体力が求められ，それが家族や部族内で伝承されたのである。封建時代には親の身分や職業を継承し，それに必要な知識や技能を実際の役割を担いつつ身に付けていった。近代になって工業化などの産業の発展に伴い，専門化，分業化，職住分離などへの対応として，公的な制度としての学校教育が始まった。学校教育の始まりは国民国家の形成への潮流と軌を一にしており，学校は国民としての自覚や責任，権利，忠誠等を育成するために重要な役割を担うことにもなった。

　そこで近代以降の学校教育には，第一にその社会（一般的には国家）において生活をしたり，職業に就いたりするために必要な知識や技能を身につけさせること，第二にその国家・社会の担い手としての自覚と責任を涵養することが求められてきた。第一の社会に必要な知識や技能は，時代状況—経済的，政治的，文化的な文脈—によって異なる。たとえば，今日では，与えられた知識を身につけるだけではなく，自ら知識を獲得していくことができる力量を身につけることが重要であるといわれている。また日本という文脈からは，外国語とりわけ英語を用いることができる力量を身に付けることが喫緊の課題とされる。第二に挙げた国家の担い手としての資質としては，その社会が重視する価値や善さを継承し，体現できる資質を身に付けることや国家への帰属意識などが求められることになる。国旗・国歌への敬意や，愛国心の涵養などが強調されることもある。日本人としての価値や善さということで言えば，勤勉なことや協調性，礼儀正しさなどがしばしば挙げられる。

2　社会の側からの要請と個人の幸福

　学校教育は，社会の側からその構成員として必要な資質を身に付けさせることを第一義の目的としているが，それはその社会に適応して生きるために

必要な資質であり，個人の幸福を担保することにもなる。学校教育は，社会の側からの要請と，個人の側からの要請との両面から重要な役割を担っているのである。社会の側からの要請と，個人の側からの要請は相互還流的なものであり，時に対立的な関係のものでもある。たとえば，前者は「あの時に習ったことが役に立った」というものであり，社会でよりよく生きるための知識や技能として個人に資することになる。後者は「自分のやりたいことと違う」「何の為に学ぶのか必要性を感じない」といったものであり，そのズレは落ちこぼれや校内暴力，不登校などの深刻な教育問題，社会問題を生むことになる。背景には子ども（相手）にとっての将来の必要性を，当事者である子どもの代わりに大人が見立てた上で決定命令するという学校教育の本質があり，学校教育における教育内容や方法は，教師や親の独断や押しつけになるという傾向をもつからである。

こうした問題について，学校教育の抱える問題に対する提起を行ったジョン・デューイは，約100年前に次のように述べている。「在学中に蓄積したはずの知識が，現在はどうなってしまったのかと疑っている。また，学校で習得した技術的な熟達を，現在の自分に大いに役立たせようとするならば，なぜそれをもう一度変わったかたちで学び直さなければならないのか，そのような疑問は誰にでも生じるのである」。こうした学校教育の抱える課題は，その基本的な構図として今日においても変化はないものといえる[1]。

3　グローバル社会における社会の側からの要請

グローバル社会の到来は，後述するように各国間での協調の必要性とともに，過酷な競争の出現を意味する。公的な学校教育は一般に国という単位で考えられるために，それが国際社会において現今どのような位置にあるのかが重要な問題になる。国際的な競争に勝ち抜くことができる国民の育成と同時に，各国の教育そのものが国際的な競争にさらされている時代状況にあるのである。全国学力テスト（全国学力・学習状況調査）に関する文部科学省の

見解をみてみよう。

> 　先般政府が閣議決定を行った新成長戦略においても，「国際的な学習到達度調査において日本が世界トップレベルの順位となることを目指す」とされており，具体的な成果目標も示された。今後，その実現という観点からも，全国的な学力調査の果たす役割が期待されるところである。
> ※「新成長戦略」について(平成22年6月18日閣議決定)
> 「国際的な学習到達度調査において日本が世界トップレベルの順位となることを目指す」
> 「2020年までに実現すべき成果目標　OECD生徒の学習到達度調査等で世界トップクラスの順位」
> ［1］最上位国の平均並みに，低学力層の子どもの割合の減少と高学力層の子どもの割合の増加
> ［2］「読解力」等の各分野ごとの平均得点が，すべて現在の最上位国の平均に相当するレベルに到達
> ［3］各分野への興味・関心について，各質問項目における肯定的な回答の割合が国際平均以上に上昇

「平成23年度以降の全国的な学力調査の在り方に関する検討のまとめ」より(2011年3月)

　2007年度より毎年4月下旬に小学校6年生，中学3年生を対象に，全国学力テストが行われているが，上記の説明によれば，実施の理由として「日本が世界トップレベルの順位となることを目指す」ことがあげられている。こうした状況は他国でも同様にみられる。次の記事は，日本と同時期(4月)に行われた，ニューヨーク州で実施された共通テストに関するものである。

> 共通テストと準備不足の公立学校
> 　ニューヨーク公立学校の小学3年生から中学2年生までの子ども達は，今週英語のテストを3日間受けることが求められる。続いて翌週には，3日間の数学のテストを受けることになる。スイセンの開花が春の到来の確かな兆しになるのと同様に，このテストは，これまでも4月の定例行事としてニューヨークの公立学校で行われてきたものである。しかし今年は普段よりも大きな懸念がある。生徒が問題用紙を開いたとき，かれらはより挑戦的な問いに直面することになるのである。そしていくつかの問題は教師が学校で取り上げていない内容を含んでいるのである。これまでと異なる今年度のテストは，米国の子ども達が国際的な調査において，そのスコアが他国に較べかなり低いため，注意を喚起するために作成

> されたものである。それは大きな衝撃と畏怖を与えるものである。

The Economist の記事(2013 年 4 月 16 日)より，筆者訳出

　アメリカでは伝統的に地方分権政策がとられており，教育制度や教育内容についても各州の独立性が重視されてきた。しかし近年，全米共通の学習内容の基準や学力の水準を設定する動きが顕著になってきている。その背景には，グローバルな競争社会の到来によって，一国総体としての競争力強化のための学力水準の向上が求められるようになってきたからである。記事によれば，ニューヨーク州では学校で学んでいない内容を含む，新たなタイプの学力テストを実施したとされる。実施の理由として「米国の子どもたちが国際的な調査において，そのスコアが他国に較べかなり低いため，注意を喚起するためのもの」と説明されている。記事の後段にはこうしたテストの実施し，得点を上げさせることは，子どもたちの未来—大学進学などを保障するものである，という賛同の意見と，子どもではなくデータを称賛するものであり，創造力を奪うものであるという批判が紹介されている。日本とアメリカで同類の議論が展開されているのである。

　事例をもう一つ見てみよう。日本では 2011 年度実施の学習指導要領で，小学校に外国語活動—英語教育が導入されるようになった。その契機となった指針である。

> 今日においては，経済，社会の様々な面でグローバル化が急速に進展し，人の流れ，物の流れのみならず，情報，資本などの国境を越えた移動が活発となり，国際的な相互依存関係が深まっています。それとともに，国際的な経済競争は激化し，メガコンペティションと呼ばれる状態が到来する中，これに対する果敢な挑戦が求められています。(中略)「英語が使える日本人」の育成は，子どもたちの将来のためにも，我が国の一層の発展のためにも非常に重要な課題です。

「英語が使える日本人」の育成のための行動計画より（平成 15 年 3 月 31 日文部科学省）

　ここでは英語教育導入の理由として，国際社会がメガコンペティションの

状態(世界各国の企業が国境や業界を越えて競争する状態)であるとの認識のもと,それへの「果敢な挑戦」のために英語が使える日本人の育成が重要であるとする。それが国益に叶うものであり,子どもの将来のためでもあるというのである。

4　学校現場と教師の役割

　前述したように,学校教育は,子ども(相手)にとっての現在の必要性に基づくのではなく,社会にとっての必要性—多くの場合経済や産業界からの要請—を踏まえ,子どもに準備させるという性質をもつものである。そこで子どもにとっての現在の必要性や意味,将来本当にそれが役に立つのか,個人の幸福という観点からどのように役立つのかという問題への検討が看過されがちになる。それがデューイなどによる新教育運動を生み,今日まで間断なく繰り返されてきた経験主義と系統主義との間の揺れ,自由教育と管理教育,進歩派と保守派と間での対立の背景となっているのである。子どもにとっての意味を,社会における要請とともに大人が措定することは,学校教育がその存在とともに内包する課題であり,学校教育の社会にとっての意味,社会に生きる個人としての意味,国家や国民としての意味が問われるのである。

　こうした学校教育の本質において,学校現場や現場教師がもつ役割は何であるのだろうか。社会からの要請が何であるべきかを決定する役割は現場教師にはなく,それは為政者や行政の仕事であり,現場教師の役割は様々な技法を使って押しつけを和らげる努力をするものであるともいえる。筆者は20年以上の高等学校での教師経験をもつが,学校教育で行われている学びから逃避する子どもをいかに学校や教室に留めておくかに苦慮してきた。望んでいないものを与えなければならない教師の仕事は,困難を極めることになる。「板挟み」となるのが,教師の役割であるともいうことができるのである。

　近年は,「個性と選択」「自由化と多様化の重視」「共感し,支援する教育」等の教育観が重視されるようになった。それらは子どもの主体性を重視する

ものであり，一見教師にとって受け入れやすい教育観のように思われるが，過酷な競争社会に，無防備に子どもを放り込んでいくことにもなりかねないという点で実際には問題を孕むのである。

こうした状況やしくみにあって，教師は「しなければならないこと」に対して疑問をもったり，咀嚼したりすることなくただひたすら教化するだけの役割であってはならないであろう。何となれば押しつけられる子どもの声を直接聞くことができる（＝子どもの側に立つことができる）のは学校現場や現場教師以外にはあり得ないからである。「どう与えるか」の前提として，果たしてそれは本当に与えなければならないことなのか，何の為なのか，どのような意味があるのかを学校現場が考察する態度をもち，吟味する姿勢をもつことは，教育のための社会の具現化を視野に入れる―たとえそれが結果として単に和らげる努力をするだけにとどまっても―に際して重要であると考えられる。

そこで，こうした問題意識は，次を検討する必要を生じる。第一に，今の時代ならびに近未来に求められる価値や技能，知識は何であるのか。第二に，それは誰がどのように決めるのか，第三に，教師や学校現場はそれにどのように関与しており，どのように捉える必要があるかという問題である。以下でそれらに言及してみよう。

5 現代社会と学校教育

現代社会の特質は比較によって可能なのであり，過去の社会との比較，他国や他地域との比較においてその輪郭が見えてくることになる。現代社会の特徴は，しばしばポスト（脱）工業化社会，消費社会，管理社会，大衆社会，情報化社会，グローバル社会などと表現される。この中で，特に多くの人々が実感しているのは情報化社会とグローバル社会ではないだろうか。より正確に言えば，情報通信機器や運輸手段の発達によって情報や文化，経済が国境を越え，それらが進展したり，日々変化したりしている時代状況というこ

とができよう。また，現代社会の特徴は，新自由主義という考え方やポストモダンという時代観から語られることがある。ここでは，それらを教育現場の視座をもちつつ，検討していくことにする。

消費社会と教育

　消費社会という言葉は，フランスの社会学者ボードリヤールが，その著書『消費社会の神話と構造』の中で論じたのを契機として注目されるようになった概念である[②]。彼によれば，消費社会とは，「モノ」の消費が「モノ」がもつ機能や効用といった「使用価値」を求めて行われるだけではなく，所有や消費を通して示される「付加価値」を求めて行われることが一般的になった社会のことをいう。「モノ」を「モノ」として消費するだけでなく，「記号」として消費するような社会であるというのである。

　売り手の側からは，「モノ」があり余る社会で売り上げを伸ばすためには，新たな欲求を創出していく必要がある。そこで売り手の側は，工夫をこらした広告宣伝や多様な支払い手段（ローンやクレジットカード）などによって購買欲を駆り立てていくことになる。その結果として，売り手の側によって欲望が刺激され，コントロールされるような消費者が生み出されていくことになった。

　消費社会では，子どものおかれている状況も変化する。消費者が主役となる消費社会では，子どもも一人前の消費者として扱われることになる。お金さえもっていれば（お金は自ら稼いだものではなくとも），大人と対等に大切な客として扱われる。売り手の側は，子どもの関心を引く商品を取りそろえ，消費を促すようになる。そこで教育の現場には，子どもたちに「賢い消費者」としての能力を育成することが求められるようになり，そのための新たな教育内容として，消費者教育や金融教育などが奨励されることになる。一人前の消費者として扱われるものの，知的に成熟していない子どもに対して，消費に必要な知識やスキルを身に付けさせ，消費者としての責任を自覚させる

ことが目的である。

　また，消費社会では学校が置かれている状況も変化する。学校教育も商品と同様に扱われる傾向が強くなり，学校や教師はサービスの提供者，保護者や生徒はサービスの受益者と見なされる。義務教育では保護者は直接授業料を払うわけではないが，納税によって間接的に対価を支払っていることになる。結果として学校には，保護者が学校や教師に対して義務の履行を伴わない権利意識を増大させやすい，という状況が生まれる。

　一方で学校は，そうした価値観の変化に抗する役割も求められる。学校がもつ公共的責任として，金銭的な尺度だけで判断することなく，年長者への敬意や勤労の重要性，欲望を抑え我慢して学ぶことを教えていかなければならない。欲望の肯定を前提とする消費社会の登場は，現今の学校教育が置かれている困難の理由の一つになっているのである。

情報化社会と教育

　情報化社会といわれる今日，情報ネットワークが社会の隅々にまで浸透し，その影響は生産や生活，文化，教育など様々な場面に大きな変化をもたらしている。その変化は，産業革命に次ぐ人類史の画期に匹敵し，情報革命といわれることもある。情報化は，コンピュータの開発やテレビの普及などがみられるようになった1960年代頃から始まったが，インターネットや携帯電話が浸透しはじめた1990年代後半から飛躍的に進展した。

　情報化社会では，第一にマスメディアが与える影響が重要になる。社会が共有する情報の多くはマスメディアから発信され，つくられるものである。身近な例では，テレビには度々「人気の飲食店」なるものが紹介されている。その店はもともと人気の飲食店であったものと思われるが，それ以上にテレビで紹介されることで認知度が上がり，人気になるという面が大きいのである。テレビ局がどのような店を選択し，どのように紹介するかは重要であり，メディアによる選択と内容によって多くの人の行動が規定されることになる。

教育問題についても同様のことがいえよう。メディアの取り上げる頻度や取り上げ方によって，人々のもつ関心度は変わってくる。教師や子どもにかかわる問題——例えば，子どもの凶悪犯罪やいじめ，教師の不祥事など——についても従前と頻度や内容がさして変わってない場合でも，世間が注目し，問題化し，政治的な問題として取り上げられることがある。そのプロセスに関わっているのがメディアであり，とりわけ，一斉に多くの人々に情報提供するマスメディアの影響は大きい。メディアが取り上げることによって，事が問題となり，顕在化するのである。学校教育は公のものであり，公の関心事なので世間の注目の対象となりやすい。

　近年の双方向の情報通信ツールであるインターネットの普及や，ソーシャルネットワーキングサービス（SNS）などのソーシャルメディアの登場は，子どもを取り巻く情報環境を激変することになった。友だち同士のつながりも，直接の対面でのつながりよりも，SNSを通したつながりが重要性を増すようになる。また，親や教師の目から離れた子どもだけのSNS等の情報空間は，いじめの温床となったり，犯罪に巻き込まれたりするような状況を容易に生み出すようにもなっている。

　情報化によって，学校や教師が担ってきた役割も変化している。学校外に巨大な情報空間できあがり，子どもたちは日常的に学校が提供する情報よりもはるかに膨大な情報にさらされている。子どもたちはいつでもどこからでもそれらの情報にアクセスすることができ，それらは学校や教師が提供する知識を凌駕するものである。学校教育のもつ意義が薄れることになる。知識を得ることは人格的な陶冶を伴うものであるといわれたが，今日では子どもたちはメディアによって知識を獲得し，さらに嗜好や態度，価値観もそこから形成するようになっている。情報化社会の到来によって，近代の学校教育，そのものの有効性が問われている状況にあるともいえるのである。

グローバル社会と教育

　グローバル社会とは，国家や地域という境界を越えて，地球規模で複数の社会とその構成要素の間での結びつきが強くなった社会であり，ヒト，モノ，カネが国境を越えて移動し，企業の世界的な規模での競争が行われるようになった社会をいう。このような状況が顕著になったのは1990年代以降のことで，その背景には，東西冷戦の終結によって市場経済が世界規模で拡大したことや，情報通信技術が飛躍的に発展し，時間や距離を越えて大量の情報を発信できるようになったことが挙げられる。国内メーカーの家電製品が海外で製造され，その操作方法の問い合わせも海外のコールセンターに転送されるといったようなことも当たり前になった。グローバル社会は，なお深化の途上にあり，その影響は文化，芸術などを含む人びとの価値観にまで及んでいる。国家はグローバル化を促進する役割を担うとともに，一方で権力のもつ基盤を堅持する必要性から，その流れに抗する役割を果たすことにもなる。その跛行を繰り返しながら，大きな流れとして国境という垣根が低くなってきている時代状況にある。

　こうしたグローバル社会においては，自分の意見をもち，主張することができる資質やそれを担保するための外国語能力が必要であるとされ，学校現場にもその育成が求められている。日本は他国と較べ，同じ価値観や感情，考えをもった人が集まっている社会（均質性のある社会，high context な社会）とされ，これまでの日本ではものごとを明快に伝えなくとも意志の疎通が可能なのであり，むしろはっきり伝えないことが円滑な人間関係の構築に重要とされる場合もあった。ところがグローバル化という，文化や社会的な背景，言語が異なる他国との交流が深まる過程では，はっきりものを伝えることがコミュニケーションの第一歩となる。同時に多様な価値観を受容することや，自国への理解を深めることが求められる。また，環境問題など国境を越えて考える必要がある問題も登場しており，グローバル・コモンズ（人

類共有の財産としての地球)への課題意識をもつことも重要となる。

新自由主義と教育

　新自由主義とは規制を撤廃し，自由な競争を促進し，個人や企業などがもつそれぞれの力を発揮させようとするものである。公正な競争が担保されていれば，より努力した企業や個人が報われることになり，怠惰な企業や個人は取り残されることになる。1970年代後半以降，この新自由主義に基づいた政策が推し進められ，政治運営や経済政策，企業活動等々，社会全体のあり方や価値観がこの考え方によって支配される傾向が急速に強まった。教育現場も例外ではない。公教育への競争と選択の導入によって，多くの地域で，学校選択制が取り入れられ，義務教育の公立学校においても競争が行われるようになった。教員に対しても業績評価が取り入れられ，一部の自治体では個々の教員は努力目標を数値で明示することが求められ，その達成度によって賃金や昇級に影響を及ぼすようになった。

　今日，こうした新自由主義に基づく社会観は多くの国で共通のものとなっており，競争は，職場内，企業同士に留まらず，グローバルな土俵上のありとあらゆる所で競争が展開されている。元来，経済活動のグローバル化は競争を伴うものであり，市場原理に委ねる新自由主義とは親和性の高いものである。競争には怠惰を防ぎ，社会をより進展されるという便益があることは間違いない。一方で，社会は弱肉強食となり，強い者がより強くなり，弱いものが淘汰されることになる。公正な条件下での競争が確保されている限りは，敗者となったり，淘汰されたりすることは自己責任である。そこで公正さは重要な社会的価値となる。

　新自由主義のもとでは，もともと経済力や情報力などにおいて平等ではないもの同士が競争する(させられる)ことになり，たとえそれが公正であったとしても社会に様々な軋轢を生むことにもなる。「勝ち組，負け組」を露わにする過度な競争のもとでは，勝ち抜くことが第一義となることから，公共心

や利他性，他者への配慮よりも自分自身や自分の周辺などのプライベートな関心や，目先の利害に支配されることになる。「勝者にするための教育」という考え方は教育には必ずしも馴染まない——とりわけ公教育においては——ものであるが，教師も子どものそうした価値観に取り込まれている状況にある。

　一方で，人々が個人主義化し，公共の事柄に関心を示さなくなると社会の秩序や紐帯が弱まることになる。そこで学校教育には，公共心や利他性を取り戻すための教育が求められることになる。それは愛国心教育の強調や道徳教育の強化，ボランティア，奉仕活動の奨励などの形として現れてくるのである。

ポストモダンと教育

　ポストモダンは建築や芸術分野において展開されてきたものであるが，フランスの哲学者リオタールが著書のなかで用いて，広く知られるようになった歴史観である。現代という時代を，近代が終わった時代として捉えようとする考え方であり，人々に共通する大きな価値観が消失してした状況を指す。リオタールによれば，近代は「人間性と社会とは，理性と学問によって，真理と正義へ向かって進歩していく」「自由がますます広がり，人々は解放されていく」といった「歴史の大きな物語」[3]が信じられていたが，そのような一方向への歴史の進歩を信ずる者がいなくなった時代状況と説明される。ポストモダンという考え方が人々によって広く受け入れられるようになった背景には，経済的な豊かさが一定程度広く実現したことや，冷戦の終結によってイデオロギーの対立が消滅したことがあげられる。

　従前の価値観に対して，ポストモダンでは個性や違いが重視されることになる。多品種の中から選択や限定生産などが重視されるようになる。教育においても，個性の重視や主体性，選択，創造力などが重視されるとともに，これまで疑うことがなかった教育機会としての学校の存在——なぜ学校に行かなければならないのか——をも問われるようになる。この文脈の中に，「ゆと

り教育」も位置づけることができる。「ゆとり教育」は，子どもが受動的に与えられる立場ではなく，子どもの側の立場や意識に寄り添うことを具現化する教育改革であり，それは推進した政府や行政のみならず，産業界，子どもや保護者，教師にも当初は好感をもって受け止められたのである。

他方，教育の個性化や自由化は，新自由主義が標榜する規制緩和や競争，選択と親和性の高いものである。選択の自由は，個性を尊重することになるからである。経済界においても，グローバル化の進展によって，激しい競争にさらされることになり，模倣的技術から革新的技術を生み出すことができるような人材の育成を望まれることになった。そこでは同じ教育を提供し，皆が全体として力をつけていくような教育のあり方から，少数であっても傑出した人材を生み出す＝エリート教育の必要性が叫ばれるようになるのである。

6　学校教育と教科書

上述したような社会の変化を背景として，学校教育で取り上げる学習内容や育成すべき資質―知識，技能，価値が決められることになる。日本ではそれは学習指導要領で示され，改訂の際にその経緯や趣旨が説明される。では，その学習指導要領は誰がどのように作成しているのであろうか。

2011 年度より実施された（中学校で 2012 年度，高等学校は 2013 年度）学習指導要領を例として確認してみよう。改訂の趣旨として，以下が示された。

> 21 世紀は，新しい知識・情報・技術が政治・経済・文化をはじめ社会のあらゆる領域での活動の基盤として飛躍的に重要性を増す，いわゆる「知識基盤社会」の時代であると言われている。このような知識基盤社会化やグローバル化は，アイディアなど知識そのものや人材をめぐる国際競争を加速させる一方で，異なる文化や文明との共存や国際協力の必要性を増大させている。このような状況において，確かな学力，豊かな心，健やかな体の調和を重視する「生きる力」をはぐくむことがますます重要になっている。（中略）
> 　中央教育審議会においては，このような教育の根本にさかのぼった法改正を踏まえた審議が行われ，2 年 10 か月にわたる審議の末，平成 20 年 1 月に「幼稚園，小学校，中学校，高等学校及び特別支援学校の学習指導要領等の改善について」

答申を行った。

　ここには，学習指導要領の改訂にあたって，21世紀が知識基盤社会化やグローバル化した時代であるとの見解が示され，それに対応するための理念や学力観が提示されている。21世紀は「アイディアなど知識そのものや人材をめぐる国際競争を加速させる」「異なる文化や文明との共存や国際協力の必要性を増大させている」社会であり，そのために「確かな学力，豊かな心，健やかな体の調和を重視する『生きる力』」の育成が重要であるというのである。競争に勝ち抜く力と，協力や共存のための利他性をバランスよく育むことは容易ではないが，前述した社会・時代状況（グローバル化，市場原理，新自由主義等によって特徴付けられる社会観）に合致した教育方針を提示しているものといえる。

　学習指導要領の改訂の趣旨に明示されているように，国の教育のあり方についての基本方針を決定する機関は，中央教育審議会（中教審）であり，「2年10か月にわたる審議の末に答申を行った」と述べられている。中教審の委員は，文部科学大臣によって任命され，学校現場，学術界，産業界，労働組合，自治体首長等各界を代表するメンバーから構成される。教育関係者が委員になっているのは当然のこととして，それ以外のメンバーでは，産業界とりわけ経営にかかわる委員の割合が多く，委員長には経済界の代表が就任する場合が多い。ここでその役割を知るために，審議会が新たに編成された際の文部科学大臣の発言をみてみよう。

　「私たちの政権与党の意向だけで物事が決まってはやはりまずい分野でもあるわけですから，広く先生方のご意見を拝聴して，国民的な視野から決定していただく。それが法律で設置が決められており，法律によって審議内容が決まっているこの中教審の重みであり，その目指すところでございますので，どうぞひとつよろしくご協力をいただきたいと思います。」（伊吹文明文部科学大臣，第58回中央教育審議会　2007年2月6日）

ここでは，中教審が公的な役割をもった重要な機関であることや，政権政党の意向から一定程度距離を置き，国民的な視野を教育施策に反映することが目的である旨が述べられている。会議は年に数回開かれ，いずれも1時間半から2時間程度の審議が行われている。多くの場合，事務方から検討される議題に関する資料が配付され，その説明が行われ，その後委員に対して質問や意見が求められる。

　中教審の審議に基づき，その下部組織が学習指導要領作成に携わることになる。中教審に文部科学大臣が学習指導要領作成を諮問すると，中教審に設置されている初等中等教育分科会教育課程部会が審議を行う。分科会の各部会は，中教審の委員に加え，臨時委員といわれるメンバーで構成される。一連の審議を経て，学習指導要領改訂案が作成・公表され，文部科学大臣が告示することになる。ここでも会議は文部官僚が基本的な方針や具体的な内容を作成し，委員がそれらに対して意見を付すという形で進められていく。告示までの間，国民一般からの意見を聴取するパブリックコメントの機会が設けられている。これは，作成手続きが慎重かつ民主的なプロセスを経て行われていることを示すためのものである。

　なお，国には教育政策の企画・立案にとって有意義な知見を集約・提示するために国立教育政策研究所が設置されている。所員は，文部科学省の教科調査官などと併任しているケースもあり，この研究所が文部科学省と連携して，教育政策の企画・立案のための基礎的な調査研究を行ったり，学習指導要領の理念や内容の定着を図るための情報提供を行ったりしている。

　学習指導要領は，戦後すぐに試案として作られものだが，現在のような大臣告示の形で定められたのは1958（昭和33）年のことであり，それ以来，ほぼ10年毎に改訂されてきた。学習指導要領の法的基準性（法的拘束力）の有無については，1960年代から70年代にかけて争点となり，司法にその判断が委ねられてきたが，1976（昭和51）年の旭川学力調査事件（「全国中学校一斉学力調査」を阻止しようとした反対運動派が公務執行妨害罪などに問われ

た事件)の最高裁判決が出され,学習指導要領には法的基準性がある旨の判断が示され,最終的な決着がつくことになった。

　学校教育法施行規則第25条(教育課程の基準)には「小学校の教育課程については,この節に定めるもののほか,教育課程の基準として文部大臣が別に公示する小学校学習指導要領によるものとする」と示されており,学習指導要領の法的基準性の根拠とされている。

　学習指導要領の改訂が行われると,次にその基準に基づいて新たな教科書が作成される。教科書は民間の出版社で作成されるが,文部科学省によってその適否かが審査され(教科書検定),それに合格したものが教科書として使用されることになる。検定の必要性として,学習指導要領に基づく全国的な教育水準の維持向上,教育の機会均等の保障,適正な教育内容の維持,教育の中立性の確保等が挙げられている。一方で,国家が教科書の記載内容を検定することには,公権力による教育内容への関与の在り方を問う本質的な問題を含んでいる。憲法21条には,検閲の禁止が定められており,これに抵触しないか,国の機関である文部科学大臣がその権限をもつことが妥当か,検定が行政機関によって行われるために,教育の中立性に抵触することにならないか等について,これまで司法の場(家永裁判)などで問われてきた。

7　教育が社会をつくるという意識

　教育はいつの時代にも重要な社会の課題であるが,現代は教育をめぐる困難な問題が際限なく現れている状態にある。学校教育への期待と責任は増すばかりである。学校教育には,社会の変化に対応するために様々な新たな教育内容(環境教育,金融教育,法教育,情報リテラシー教育等々)の実施が求められている。同時に噴出する教育課題―いじめや不登校,少年犯罪,基礎学力の低下,応用力や問題解決能力の欠如,国際的な学力テストでの順位低下等々―への対応が求められている。教育課題の多くは現代社会のあり方そのものに起因しているものであり,学校や教師がどれだけ努力しても根本的

な解決が難しい問題ばかりである。十分な成果をあげないまま課題が蓄積されていくことになる。

いじめの問題を一例に挙げると，1980年初頭にはすでに社会問題化しており，その後も繰り返し深刻ないじめにかかわる事件が発生し，社会問題化してきた(1985年鹿川君事件，1994年大河内君事件など)。それに対して学校が無力であったことや，責任回避等の不適切な対応を行ってきたことから，学校や教師は常に批判の的となってきた。2012年には大津，品川，札幌などでいじめ自殺事件が相次いだ。周知のようにいじめは日本だけの問題ではない。米国やヨーロッパでも重要な克服すべき社会的な課題となっており，"Anti Bullying Competition"や"Anti Bullying Week"などとして国を挙げての反いじめキャンペーンが行われている例もある。学校には「いじめを許さない」環境が求められ，道徳教育の強化や心の教育の充実が図られることになる。問題対応や防止にあたっては，発生元である学校や教師が責任をもつことは当然であるが，社会が構造的にそれを生み出しているとすれば，その解決は学校だけでは困難である。人が集まれば関係が生まれ，トラブルも発生する。加えて先述したように新自由主義的政策のもとで，人びとは競争や成果主義によって疲弊し，子どもたちも競争や評価にさらされている。そうした事態がいじめの土壌の一因となっていることを踏まえると，子どもや教師だけにその原因と改善を求めることは，学校をユートピアのように見なすものであり，子どもに理想を押しつけることにもなりかねない。現実と乖離した学校教育は，問題を潜在化させるとともに，子どもたちが将来直面する現実の問題へ対応することを困難にする危険も孕んでいる。

社会の変化は今後も際限なく続き，その速度は加速度的に増していくであろうことは想像に難くない。また，それにしたがって，社会の課題およびそこに起因する教育課題もますます増加し複雑化していくであろう。そこで，子どもの教育は，現在の社会に適応することを学ばせるだけでは不十分であり，将来の社会の変化に柔軟に対応していく力を身に付けさせることが重要

になる。同時に将来の社会の主役として 社会をよりよく変革していくことができるような資質を身に付けさせることが求められる。それは，自分自身を現在の価値や規範に適合させながら，将来の価値を創造していくことができるような教育であり，そこでは子どもたち自身が「よりよい社会」とはなんであるのかを志向し，そしてそれを具現化する力の基礎を育成することである。

　そのために，教師や学校には何が求められるのだろうか。まずは現場の教師一人ひとりが，現在の教育や今自ら行っていることが「何に向かっているのか」，「どういう意味があるのか」を自らの頭で考え，問い直すことが何よりも重要であるといえよう。複雑な時代状況のなかで学校教育や教師はよかれと思っていることが，結果として子どもの将来を負の方向に導いたりすることになりかねない。教師自身が，問題の表層を捉えるだけではなく，なぜそれが起きているのかを構造的に考えるという姿勢を身に付けることであり，そうした教師の姿勢そのものが，子どもたちの学びの対象になるものと考えられるのである。

　一方で現今の学校現場では，教師は自らが考えることよりも，与えられることに忠実に従うことが求められ，しかも多忙を極めている。そうした時代状況にあるからこそ，充満する閉塞感と無力感に抗しつつ，「しなければならないこと」と将来の社会と，子どもの未来のために自らが考える「すべきこと」を統合させる努力を，粘り強く続けることが求められているものといえる。

註
① ジョン・デューイ著 市村 尚久訳(2004)『経験と教育』講談社学術文庫，p.71
② ジャン・ボードリヤール著 今村仁司・塚原史訳(1979, 原著1970)『消費社会の神話と構造』紀伊國屋書店
③ ジャン＝フランソワ・リオタール著 小林康夫訳(1986)『ポストモダンの条件』水声社

【編著者紹介】

宮崎　猛（みやざき たけし）
1959年　東京生まれ
早稲田大学大学院教育学研究科博士課程単位取得退学
高校教員，早稲田大学非常勤講師等を経て，現在，創価大学教職大学院教授

古賀　毅（こが つよし）
1969年　東京生まれ
早稲田大学大学院教育学研究科博士課程単位取得退学　博士（教育学）
早稲田大学助手，中学校・高等学校・大学講師などを経て，現在，千葉工業大学工学部准教授

教師のための現代社会論

2014年2月16日　初版第1刷発行

編著者　宮崎　猛
　　　　古賀　毅

発行者　小林一光

発行所　教育出版株式会社

〒101-0051　東京都千代田区神田神保町2-10
電話　03-3228-6965　　振替　00190-1-107340

©T.Miyazaki T.Koga 2014　　組版・印刷　三美印刷
Printed in Japan　　　　　　製本　上島製本
乱丁・落丁本はお取替えします。

ISBN978-4-316-80399-9 C3037